Karl Popper

dargestellt von Manfred Geier

Rowohlt

**rowohlts monographien begründet von Kurt Kusenberg
herausgegeben von Wolfgang Müller und Uwe Naumann**

Redaktionsassistenz: Katrin Finkemeier
Umschlaggestaltung: Walter Hellmann
Vorderseite: Karl Popper. 1977. Foto: Tom Blau
(Camera Press, London)
Rückseite: Umschlag der Erstausgabe von «Logik der Forschung»
von 1935
(Bildarchiv der Österreichischen Nationalbibliothek, Wien)
Frontispiz: Karl Popper im Februar 1993 in London

Originalausgabe
Veröffentlicht im Rowohlt Taschenbuch Verlag GmbH,
Reinbek bei Hamburg, September 1994
Copyright © 1994 by Rowohlt Taschenbuch Verlag GmbH,
Reinbek bei Hamburg
Alle Rechte an dieser Ausgabe vorbehalten
Satz Times PostScript Linotype Library, PM 4.2
Gesamtherstellung Clausen & Bosse, Leck
Printed in Germany
ISBN 3 499 50468 5

3. Auflage. 15.–17. Tausend Mai 1998

Inhalt

Ein Nachzügler der Aufklärung 7

Kindliches Staunen 10
    Vom Himmelhof, da komm ich her 10 Eine Welt der Bücher und Musik 13
    Auf den Spuren Nils Holgerssons 19

Schlüsselerlebnisse 1919 25
    In der Hörlgasse 25 Einstein und die Sonnenfinsternis 29 Ein kurzer Disput
    mit Alfred Adler 34 Schlußfolgerungen 37

Wiener Lehr- und Studienjahre 1920–1930 40
    Student, Arbeiter und Tischlerlehrling 40 Am Pädagogischen Institut 46
    Der Mensch ist kein Kübel 51

Logik der Forschung 1934 57
    Die beiden Grundprobleme der Erkenntnistheorie 57 Im Widerstreit
    mit dem Wiener Kreis 62 Erste Erfolge 70

Kampfansagen aus der Ferne 1937–1945 81
    Von der Dialektik zur Trial-and-error-Methode 81
    Für Sokrates, gegen Platon 90

An der London School of Economics 1946–1969 99
    Der glücklichste Philosoph 99 Uhren, Wolken, Würfelspiele 108
    Der Positivismusstreit fand nicht statt 112

Das Spätwerk 118
    Die Entdeckung der Welt 3 118 Die Seele und die Schrift 124

Anmerkungen 134

Zeittafel 139

Zeugnisse 143

Bibliographie 146

Namenregister 156

Über den Autor 159

Quellennachweis der Abbildungen 160

Ein Nachzügler der Aufklärung

> «DUMBY: ‹Erfahrung› – das ist der Name, mit dem ein jeder seine Fehler bekleidet.
> CECIL GRAHAM: Man sollte keine machen.
> DUMBY: Das Leben wäre zu langweilig ohne sie.»
>
> *Oscar Wilde, Lady Windermeres Fächer, 3. Akt*[1]

Er spricht nicht gern über die entsetzlichen Ereignisse, deren Zeitzeuge er war. *Es kommt einem wie ein Versuch vor, diese furchtbaren Dinge zu beschönigen.*[2] Aber doch ist alles, was er dachte und schrieb, vom Ethos einer intellektuellen Verantwortlichkeit beherrscht, die dagegen «Nein» sagte und die Gründe aufzudecken versuchte, wie es dazu kommen konnte. Er ist ein Moralist und Aufklärer, aber er predigt nicht. *Alle Predigten sind irgendwie unehrlich. (Etwa wie: Wasser predigen und Wein trinken.)*[3] Er sagt nicht, wie alles gut werden kann, aber er versucht zu zeigen, wie das Schlimmste zu verhindern ist.

Als Kind erlebte Karl Raimund Popper das große Elend in Wien, ein Leiden unter Kälte, Obdachlosigkeit und Hoffnungslosigkeit. Der Erste Weltkrieg ließ ihn erkennen, wohin der nationalstaatliche Griff nach der Weltmacht führen kann. Der Faschismus zerstörte die Ansätze einer demokratischen Gesellschaft, vertrieb ihn in die Fremde, und einige seiner Freunde wurden deportiert und ermordet. *Es war ein fürchterliches Schicksal. Und es war das Schicksal von unzähligen Menschen, Persönlichkeiten; Menschen, die andere Menschen liebten, die anderen Menschen zu helfen suchten.*[4] Der stalinistische Terror führte ihm vor Augen, was der Irrglaube an Gesetze eines weltgeschichtlichen Ablaufs bewirken kann. Vietnam, Kambodscha, Iran, Afghanistan, jetzt der Massenmord im früheren Jugoslawien, gegen den *nichts zu tun nicht nur gewissenlos ist, sondern unmenschlich*[5]: immer wieder werden Menschen die Opfer machttrunkener Fanatiker, nationalistischer und rassistischer Ideologen, politischer und religiöser Rechtgläubigkeit.

Wenn er sich der Geschichte zuwandte, sah er Grausamkeit, Gewalt und Haß. Vielleicht machte Moses den Anfang: «Her zu mir, wer dem HERRN angehört! So spricht der HERR, der Gott Israels: Ein jeder gürte sein Schwert um die Lenden und gehe durch das Lager hin und her von einem Tor zum andern und erschlage seinen Bruder, Freund und Nächsten.«[6] *Das war, vielleicht, der Anfang. Aber sicher ist, daß es so weiterging, im Heiligen Land wie auch später hier im Westen.*[7]

Auch die Intellektuellen haben seit Jahrtausenden den gräßlichsten Schaden angerichtet. Denn in der Idee der Rechtgläubigkeit sind die Laster versteckt, für die sie besonders anfällig sind: Arroganz, Rechthaberei, Elitebewußtsein, Besserwisserei, intellektuelle Eitelkeit.

Das sind kleine Laster, im Vergleich mit der Grausamkeit. Aber es sind für Popper, den Philosophen, diejenigen, gegen die er mit seinen bescheidenen Mitteln ankämpft: mit Argumenten; mit einer Ethik der rationalen Diskussion; aus *der Position des kritischen Rationalismus, die den Umstand anerkennt, daß die rationalistische Einstellung auf einem irrationalen Entschluß oder auf dem Glauben an die Vernunft beruht*[8].

Darauf hat dieser Nachzügler der Aufklärung immer wieder hingewiesen und kritisch abgewägt, was für und was wider eine rationale Grundhaltung spricht. All seine großen Werke, die ihn zu einem der berühmtesten und einflußreichsten Denker des zwanzigsten Jahrhunderts werden ließen, sind Variationen dieses einen Themas: es kommt nicht darauf an, das größte Glück für seine Gruppe, Klasse, Nation, Rasse oder für die Menschheit zu realisieren, sondern das geringste Maß an Leid für alle anzustreben, die unsere Hilfe brauchen. *Die Hybris, die uns versuchen läßt, das Himmelreich auf Erden zu verwirklichen, verführt uns dazu, unsere gute Erde in eine Hölle zu verwandeln.*[9] Und es geht nicht darum, sichere Gewißheiten zu suchen, sondern aus den Fehlern zu lernen, die wir machen.

Seine *Logik der Forschung* (1934) stellte die Grundzüge der Wissenschaft dar, die sich nicht das Phantom zum Ziel setzt, endgültige Antworten zu geben, sondern kühne Gedanken erprobt, mit denen wir, sie immer wieder aufs Spiel setzend, die Natur einzufangen versuchen. Das *Elend des Historizismus* (1944) dekonstruierte den faszinierenden und doch so trügerischen Glauben an die Vorhersagbarkeit geschichtlicher Entwicklungen und sprach sich für eine Sozialtechnik der kleinen Schritte aus, die sich durchaus nicht auf kleine Probleme beschränken muß, sondern auch kühn sein kann, wenn es die Problemsituation erfordert. *Die offene Gesellschaft und ihre Feinde* (1945) war ein sozialphilosophisches Plädoyer für eine demokratische Gesellschaft, die nicht abstrakte Glücksgüter zu realisieren versucht, sondern durch Reformen in der Lage ist, die dringlichsten konkreten Übel abzuschaffen, zu denen oft genug auch die Regierenden selbst gehören. Die Aufsätze in *Conjectures and Refutations* (1963) waren Ausführungen der einfachen These: Wir können aus unseren Fehlern lernen. Sein Sammelband über *Objektive Erkenntnis* (1972) war ein evolutionärer Entwurf, um den realistischen Anspruch und die objektive Möglichkeit des Vermutungswissens aufzuhellen, mit dem wir die Welt zu begreifen versuchen. Und auch seine

World of Propensities (1990) lieferte eine Begründung für ein schöpferisches Denken in einer Welt, deren Zukunft offen ist und uns den Spielraum läßt, in sie einzugreifen.

All die Schrecken, die er kennengelernt hat, ließen Popper nicht verzweifeln. Er ist kein Prophet des Unglücks und des Untergangs geworden, sondern «nur» ein radikaler Kritiker philosophischer, wissenschaftlicher und politischer Anmaßungen und Überheblichkeit. Er wurde zu einem engagierten Verfechter eines Denkens und Handelns, das seine Grenzen und Fehler anzuerkennen bereit ist. Seine Vorbilder waren nicht zufällig Xenophanes, Sokrates, Immanuel Kant, Albert Einstein und Winston Churchill. Oft zitierte er Xenophanes, den Vorsokratiker, der als erster die fallibilistische Einsicht formuliert hat: «Sichere Wahrheit erkannte kein Mensch und wird keiner erkennen über die Götter und all die Dinge, von denen ich spreche.» Er wurde zu einem Jünger des Sokrates, der der Weiseste war, weil er wußte, wie wenig er weiß. Er hielt sich für einen Kantianer, weil er dessen Leitspruch «Habe Mut, frei zu sein und dich deines eigenen Verstandes zu bedienen» auch für sich selbst in Anspruch nahm. Er bewunderte Einstein für das Risiko, das dieser einging, als er seine Theorie einer kritischen experimentellen Widerlegung aussetzte; und Churchill, der mit englischem Witz bekannte: «Die Demokratie ist die schlechteste aller Regierungsformen – ausgenommen alle anderen Regierungsformen.»[10]

Doch neben all seinen Kenntnissen, über die er verfügt, seinem Vertrautsein mit der Philosophie- und Wissenschaftsgeschichte, seiner reflexiven Kraft und kritischen Begabung, seiner unermüdlichen Suche nach einer besseren Welt und einer objektiven Wahrheit, seinem Gespür für Probleme und mögliche Problemlösungen ist für Popper eine Haltung charakteristisch, die er selbst, nicht unbedingt im Sinne der Existentialisten, als existentiell versteht: es ist sein Staunen über das Wunder der Welt, über die letztlich unerklärbare Tatsache, *daß die Welt existiert und daß wir in dieser Welt existieren*[11], in irgendeinem abgelegenen Winkel des mit ein wenig Materie angefüllten leeren Kosmos.

Als sie von ihrem ersten Himmelsflug vom Mond zur Erde zurückkamen, soll einer der Astronauten bemerkt haben: «Ich habe in meinem Leben auch andere Planeten gesehen, aber die Erde ist doch der beste.» Popper hielt das für eine einfache und kluge Bemerkung, für einen Ausdruck philosophischer Weisheit. *Wir wissen nicht, wie es zu erklären ist und ob es erklärt werden kann, daß wir auf diesem wunderbaren kleinen Planeten leben, oder warum es so etwas wie das Leben gibt, das unseren Planeten so schön macht. Aber wir sind hier und haben allen Grund, darüber zu staunen und dankbar zu sein. Es ist ja ein Wunder. [...] So hat also das Leben jedenfalls Seltenheitswert: Es ist kostbar.*[12] Für diesen Wert hat Popper sein Leben lang gekämpft.

Kindliches Staunen

Vom Himmelhof, da komm ich her

Er lächelte über die Anspielung, mit der er mich über den Ort seiner Geburt informierte. Am Himmelhof, in Ober Sankt Veit in Wien, wurde er am 28. Juli 1902 geboren. Er kam nicht vom Himmel hoch, um uns irgendeine Mär zu predigen; und so erschreckend ihm die Vorstellung eines Lebens nach dem Tode ist, das ewig so weitergeht[13], so sehr ist ihm der Gedanke fremd, seine Existenz auf Erden verdanke sich einer göttlichen Herkunft.

Wenn er, über neunzig Jahre alt, scherzhaft auf seine «himmlische Herkunft» anspielte, so schien er vielmehr an den Ausgangspunkt seiner philosophischen Entwicklung zu erinnern: es war der Kosmos, der seiner kindlichen Neugier ein erstes echtes philosophisches Problem zu denken gab, jener «bestirnte Himmel über mir», der auch für Popper – Kants Richtschnur auf dem Weg der Weisheit folgend – *das Problem unseres Wissens vom physikalischen Universum und die Frage nach unserer Stellung darin*[14] symbolisiert. Zwar wußte er noch nichts von der Philosophie. Aber er fragte schon philosophisch und überließ sich jener kosmologischen Verwunderung, die bereits Platon und Aristoteles als anfänglichen Grund und treibendes Motiv zum Philosophieren charakterisierten.

Er war vielleicht acht Jahre alt, als ihn jener Denkschock eines ersten Staunens überfiel, der seinem Philosophieren eine Richtung wies und noch im hohen Alter das Erlebnis einer kindlichen Verwunderung wachhält. *Irgendwie hatte ich vom Sonnensystem gehört und von der Unendlichkeit des Weltraums (offenbar Newtons Raum), und ich plagte mich damit ab, das zu verstehen. Ich konnte mir weder vorstellen, daß der Raum endlich sei (denn was war dann außerhalb des Weltraums?), noch daß der Raum unendlich sei. Mein Vater schlug vor, daß ich einen seiner Brüder um Rat fragen sollte, der, wie mein Vater mir sagte, es gut verstand, solche Dinge zu erklären.*[15] Aber der Erklärungsversuch des Onkels, der seinen jungen Neffen über die gedanklichen Möglichkeiten eines potentiellen Vorstoßes in eine unabschließbare Unendlichkeit belehrte, befriedigte ihn nicht. Die kindliche Frage blieb virulent, und die anfängliche Verwirrung

Angelversuche, 1906

in den antinomischen Widerstreit zwischen endlicher Begrenzung und unendlicher Offenheit des «Himmels» hielt länger an als bis zur ersten Antwort. Das Kind ahnte, daß es auf ein philosophisches Problem gestoßen war, das – wie er später bei Kant, dem *größten deutschen Philosophen*[16], nachlesen wird – «zwar unschädlich gemacht, aber niemals vertilgt werden kann». *Mein Problem war natürlich ein Teil – der räumliche Teil – von Kants erster Antinomie; und es ist, besonders wenn der zeitliche Teil dazukommt, ein ernstes und noch immer ungelöstes philosophisches Problem.*[17]

Vielleicht war es nur ein kleiner sprachspielerischer Scherz, daß Popper seinen Geburtsort in einen kosmologischen Kontext stellte. Auch die Erinnerung an das erste verwickelte Problem, das ihn ernsthaft plagte, mag eine Täuschung sein, nachträglich konstruiert im Rückblick auf ein philosophisches Lebenswerk, das sich nicht in sprachlichen Vexierfragen und sinnklärenden Wortanalysen verlieren wollte, sondern sich der einen zentralen Aufgabe verschrieb: die Welt zu verstehen. *Ich glaube jedoch, daß es zumindest ein philosophisches Problem gibt, das alle denkenden Menschen interessiert. Es ist das Problem der Kosmologie: das Problem, die Welt zu verstehen – auch uns selbst, die wir ja zu dieser Welt gehören, und unser Wissen.*[18] Wissenschaft und Philosophie würden für ihn all ihre Attraktivität verlieren, wenn sie diesen Anspruch aufgeben würden,

Immanuel Kant.
Gemälde von I. B. Becker, 1768

wenn sie *aufhören würden, die Rätsel unserer Welt zu sehen und darüber zu erstaunen.*[19]

Vom Himmelhof, da komm ich her. Die ursprünglich kosmologische Frage, die in dieser poetischen Nennung des Geburtsortes nachklingt, mag typisch kindlich sein. Ist das Weltall begrenzt oder unbegrenzt? Gab es die Welt schon immer, oder hat sie einen Anfang in der Zeit? Woher komme ich? Wie entsteht das Leben? Wie das Bewußtsein? Woher weiß ich, daß ich nicht träume? – Das sind Kinderfragen. Nur wenige halten dieses anfängliche Staunen fortdauernd aus. Die wenigsten werden Philosophen; und selbst unter diesen ragen jene heraus, in deren Arbeit die beunruhigende Neugier und das ursprüngliche Erstaunen der Kindheit lebendig bleiben. Popper gehört zu ihnen. Noch die wissenserfüllte Weisheit seines Alters hat nichts an jugendlicher Frische verloren. Aus welcher Quelle bezog sie ihre ausdauernde Energie?

Es fällt Popper nicht leicht, über sich und sein Elternhaus zu sprechen. Das mag damit zusammenhängen, daß er sein persönliches Schicksal, seine subjektiven Empfindungen und Talente für absolut zweitrangig hält gegenüber den objektiven philosophischen und wissenschaftlichen Problemen, deren Klärung er zu seiner gedanklichen Aufgabe gemacht hat. Ihn interessieren die Produkte des menschlichen Geistes mehr als die subjektiven Fähigkeiten ihres Schöpfers. Auch wenn er über sein eigenes Lebenswerk spricht und schreibt, dominiert dabei immer die kritische Rekonstruktion von Problemsituationen über die Erhellung persönlicher Erfahrungen und lebensgeschichtlicher Hintergründe. Glücklicherweise möchte er dennoch *den Wert der letzteren Methode nicht völlig in Abrede stellen; er ist begrenzt und subjektiv, aber doch auch auf eine unersetzliche Weise anregend*[20]. Seine Autobiographie – *Ausgangspunkte* – liefert dazu einige erhellende Hinweise. Wie also steht es um den Einfluß des Elternhauses auf Poppers geistige Energie beim Aufspüren und Lösen seiner philosophischen Probleme?

Eine Welt der Bücher und Musik

«Vielleicht könnten Sie auch von Ihrem Vater sprechen, von seinem Arbeitszimmer, seinen Büchern. Das alles hat Sie ja tief beeindruckt während Ihrer Kindheit.» Als Franz Kreuzer in einem langen Gespräch 1979 Popper auch über sein Elternhaus befragte, blieb dessen Antwort zurückhaltend. *Ja, das ist etwas schwierig, wenn ich darauf zurückgehen soll... Mein Vater hat viel gearbeitet, sowohl in seinem Beruf wie auch außerhalb. Er hat auch sehr viel gelesen, hauptsächlich Geschichte. Er hat eine große Bibliothek gehabt, die auf mich, schon bevor ich lesen konnte, großen Eindruck gemacht hat – mit einer Stiege mit Geländer, die zu den höheren Regalen der Bibliothek geführt hat.*[21]

Dr. Simon Siegmund Carl Popper hatte, wie seine beiden Brüder, an der Wiener Universität Jura studiert und arbeitete als Rechtsanwalt. In einer geräumigen bürgerlichen Wohnung im Herzen Wiens (bis etwa 1920 Freisingergasse 4, später Bauernmarkt 1), mit Blick auf das Riesentor des Stephansdoms, befand sich seine Kanzlei. Er hatte sie übernommen vom letzten liberalen Wiener Bürgermeister, Dr. Carl Grübl, dessen Mitarbeiter und Freund er gewesen war. Angestrengt und erfolgreich arbeitete er in seinem Beruf und beeindruckte den Sohn mit seinem juristisch geschulten logischen Denkvermögen und seiner klaren, einfachen und gradlinigen Rednergabe. Er gehörte, in einer (seit 1897) von der Christlich-Sozialen Partei regierten Stadt, zu jenen kritischen intellektuell-freisinnigen Persönlichkeiten, deren patriarchalische Verkehrsformen aufgeschlossen waren für neue kulturelle, soziale und politische Entwicklungen. Auch wenn es ihm widerstrebte, seine unbestrittene Autorität als Familienvater für die politische Erziehung seines Sohnes einzusetzen, so vermittelte er ihm doch eine aufgeklärt-liberale Grundhaltung, die sich durch den autokratischen Pomp der habsburgischen Hausmacht nicht blenden ließ. Er war *sicher kein Anhänger der damaligen Regierung*[22], sondern ein Verfechter des radikalen Liberalismus ei-

Die Eltern, um 1890

nes John Stuart Mill. Der klerikale Konservatismus der kaiserlichen und königlichen Doppelmonarchie, mit dem das zunehmende gesellschaftspolitische Chaos des Vielvölkerreichs nur notdürftig bewältigt werden konnte, provozierte seine ausgeprägt satirische Spottlust. *Eine glänzende politische Satire, «Anno Neunzehnhundertdrei. In Freilichtmalerei», die mein Vater unter dem Namen Siegmund Karl Pflug geschrieben hatte, wurde beim Erscheinen beschlagnahmt und blieb bis 1918 auf dem Index der verbotenen Bücher.*[23]

Deutlicher als in seinem Beruf zeigte sich diese väterliche Haltung außerhalb: als Mitglied einer illegalen Freimaurer-Loge, der «Humanitas», deren «Meister vom Stuhl» er jahrelang war, engagierte er sich besonders für Obdachlose und elternlose Kinder. Erst viele Jahre später hat sein Sohn davon erfahren. Aber es ist zu vermuten, daß ihm schon früh durch seinen Vater der Blick geschärft wurde für das fürchterliche Elend in Wien, diese düstere Kehrseite der industriellen Expansion und angehäuften großen Vermögen während der Gründerzeit. *Dieses Problem beschäftigte mich so stark, daß ich fast nie ganz davon loskam. Nur wenige Menschen, die heute in einer der westlichen Demokratien leben, wissen, was Armut zu Beginn dieses Jahrhunderts bedeutete. Männer, Frauen und Kinder hungerten und litten unter Kälte, Obdachlosigkeit und Hoffnungslosigkeit. Aber wir Kinder konnten nicht helfen. Wir konnten nicht mehr tun, als ein paar Kreuzer zu erbitten, um sie den Armen geben zu können.*[24]

Noch stärker aber scheinen den jungen Karl die unzähligen Bücher der väterlichen Bibliothek beeindruckt zu haben. Sie waren bereits ein wesentlicher Teil seines Lebens, lange bevor er sie lesen konnte. Überall in der Wohnung gab es Bücher (mit Ausnahme des Speisezimmers, in dem ein Konzertflügel stand), ein noch unbegriffener und unzugänglicher Schatz, über den die Erwachsenen wie Zauberer verfügen konnten. Geheimnisvoll war hier alles aufbewahrt, was es über die Welt zu wissen gab. Der kindliche Wunsch, lesen zu können, muß mächtig gewesen sein; und es überrascht nicht, daß Popper zurückblickend verallgemeinernd feststellt: *Lesen zu lernen, und, in einem geringeren Grad, schreiben zu lernen, sind natürlich die wichtigsten Ereignisse in unserer intellektuellen Entwicklung. Es gibt nichts, was damit zu vergleichen wäre.*[25] Immer wird er seiner ersten Lehrerin, Emma Goldberger, dankbar sein, weil sie ihm den Zugang in eine Welt der Bücher öffnete.

Für jeden Menschen gibt es Dinge, die dauerhaftere Gewohnheiten in ihm entfalten als alle anderen. Poppers Erinnerungen an den Einfluß seines Elternhauses beginnen nicht zufällig mit einem Bild, das wie eine Kostbarkeit im Rückblick auf die Tatsachen seines frühen Lebens aufbewahrt ist: die große Bibliothek des Vaters. Sie bezeichnet den Ort, an dem er zuerst sich seiner selbst als geistiges Wesen bewußt wurde. Während es ihm schwerfällt, für seine subjektiven Erinnerungen an die Eltern einen persönlichen Ausdruck zu finden, kann er sich mühelos in den väterlichen Büchern zurechtfinden, die seiner kindlichen Neugier einen faszinierenden Stoff lieferten und für sein ganzes Leben eine *überwältigende Rolle*[26] spielten. *Ich besitze noch seinen Platon, Bacon, Descartes, Spinoza, Locke, Kant, Schopenhauer und Eduard von Hartmann.*[27] Diese Bücherwelt wurde der unerschöpfliche Fundus, aus dem sein Denken Anregung und Energie beziehen konnte. In seinem Spätwerk wird er ihr ein großartiges Denkmal errichten: *Geschriebenes ist dem Gesprochenen vorzuziehen, und Gedrucktes ist noch besser.*[28] Denn nirgendwo anders sind jene «objektiven Gedanken und Probleme» besser greifbar, über die es kritisch zu argumentieren gilt, Objekte einer eigenständigen Welt 3, die die physikalische Welt 1 und die psychische Welt 2 transzendiert.

Auch Poppers Mutter gewinnt ihre Kontur zuallererst durch das Medium eines Buches. *Das erste Buch, das einen großen und bleibenden Eindruck auf mich machte, wurde meinen beiden Schwestern und mir (ich war das jüngste von drei Kindern) von meiner Mutter vorgelesen.*[29] Popper war fünf Jahre alt, als er, zusammen mit Dora und Annie, durch die Stimme seiner Mutter jenes Buch kennenlernte, *das meinen Charakter entscheidend beeinflußte*[30]. Es war die «Wunderbare Reise des kleinen Nils Holgersson mit den Wildgänsen» der schwedischen Dichterin Selma Lagerlöf. *Viele, viele Jahre lang las ich das Buch mindestens einmal im Jahr; und im Lauf der Zeit las ich mehrere Male wahrscheinlich alles, was Selma Lagerlöf geschrieben hat.*[31] Noch im Alter von achtzig Jahren bedankte er sich für diese frühe Leseerfahrung mit einem späten Liebesgeständnis. *Ich verliebte mich in die Selma Lagerlöf und in ihre Bücher.*[32]

Der Vater war Hüter der Bibliothek. Die Mutter dagegen war ursprünglich Stimme. Sie las ihren Kindern Geschichten vor und öffnete das kindliche Gemüt für den verführerischen Zauber der Literatur. Eine noch größere Rolle aber spielte sie für ein anderes dominierendes Thema in Poppers Leben: die Musik. Denn sie war es, die ihn hören lehrte auf jene Welt musikalischer Schöpfungen, die *mir so wunderbar und übermenschlich erscheint*[33] und mehr als Literatur und bildende Kunst sein Innerstes berührt. Besonders die Musik von Bach, Haydn, Mozart und Schubert evozierte seine grenzenlose Bewunderung. Mögen ihm Bücher kulturell auch als viel wichtiger erscheinen, so geht ihm doch nichts so nahe wie die großen Werke der klassischen Musik. Und so kennzeichnend für seine Autobiographie es ist, daß die Bücher in der elterlichen Wohnung ihm den Anlaß boten, über den Vater zu schreiben, so charakteristisch ist, daß auch die Mutter in Poppers Erinnerungen erst Profil gewinnen konnte, als er auf die Musik zu sprechen kam.

Jenny Popper, geborene Schiff, deren Eltern Gründungsmitglieder der berühmten «Gesellschaft der Musikfreunde in Wien» gewesen waren, *war sehr musikalisch. Sie spielte wunderschön Klavier*[34] auf dem Bösendorfer Konzertflügel im bücherleeren Speisezimmer. Musikalität scheint bei den Schiffs familiär verankert gewesen zu sein. Die Mutter der Mut-

Dora, Annie und Karl, 1907

ter (eine geborene Schlesinger, zu deren Familie Bruno Walter gehörte); die Mutter Jenny; zwei ihrer Schwestern, die sehr gut Klavier spielten; einer ihrer Brüder, der ein ausgezeichneter Geiger war; zahlreiche Cousins und Cousinen Poppers: sie alle waren musikalisch sehr begabt. *Es scheint, daß die Musik eines der Dinge ist, die in der Familie liegen; aber es ist rätselhaft, warum das so ist.*[35] Angeregt durch diese hervorstechende Familienähnlichkeit nahm auch der junge Karl einige Violinstunden und lernte Klavier zu spielen. (Noch heute steht in seinem Wohn- und Arbeitszimmer ein Flügel, mit zahlreichen Büchern vollgepackt, an dem Popper regelmäßig spielt.)

Später, etwa achtzehn Jahre alt, spielte er ernsthaft mit dem Gedanken, Musiker zu werden, und trat dem von Arnold Schönberg präsidierten «Verein für musikalische Privataufführungen» bei. Doch die moderne, zeitgenössische Musik von Schönberg, Berg, von Webern, Bartók und

Dora und Karl

Strawinsky fand bei ihm nicht jenen beglückenden Widerhall, der ihn beim Hören der großen klassischen Musikwerke durchströmte. *Das Hauptziel des wahren Künstlers ist die Vollkommenheit des Werkes*[36], nicht der subjektive Ausdruck seiner Stimmungen oder das formalistische Experiment im Bemühen, modern und originell zu sein. *Auf dem Gebiet der Musik war ich immer konservativ.*[37] Nur von jenen klassischen «objektiven» Werken ließ er sich ergreifen, in denen sich ihre Schöpfer vergessen haben und ihre «subjektiven» Ambitionen nach Expressivität keine vordringliche Rolle spielen. Er hielt es nicht für nötig, avantgardistisch über die bewunderten Werke der größten Meister hinauszugehen.

Auf den Spuren Nils Holgerssons

Popper wuchs heran im gehegten Raum einer liberalen bürgerlichen Wiener Familie zu Beginn des 20. Jahrhunderts. Seine Eltern, die beide jüdischer Abstammung, aber schon vor der Geburt der drei Kinder zum protestantischen Glauben übergetreten waren, hatten sich erfolgreich einer Kultur eingefügt, in der die Normen des gebildeten Geschmacks und des anständigen Handelns vorherrschten. Es war eine «gute Kinderstube», in der Karl aufwuchs. Ein humanistischer Geist herrschte vor, der den Kindern genügend Spielraum ließ und sie vor antiautoritären Ausbrüchen bewahrte. *Ich habe den Verdacht, daß ich als Kind ein bißchen zu brav war, vielleicht sogar etwas prüde.*[38] Das begabte Kind risikierte nicht, gegen die Anforderungen seiner Umgebung zu opponieren.

In dieser Situation fand die kindliche Emotionalität in Büchern ihren aufregenden Schauplatz. Das Kind mischte sich unter die Gestalten der Geschichten, die es zu hören und zu lesen bekam. Zusammen mit Nils Holgersson und den Wildgänsen machte sich der fünfjährige Karl auf seine erste «wunderbare Reise». Immer wieder las er später diese Geschichte eines frechen Jungen, dessen größtes Vergnügen es war, etwas anzustellen, diesen Roman einer Reise in die Freiheit, die seinen *Charakter entscheidend beeinflußte*[39]. Er selbst war dieser Nils, der, zu einem winzigen Wichtelmännchen verzaubert, seine Familie verließ und mit einer Schar Wildgänse weit in die Ferne flog. Auf gefrorenen Seen und stürmi-

«Wunderbare Reise des kleinen Nils Holgersson mit den Wildgänsen».
Illustration von John Bauer, 1913

schen Meeren und zwischen gefährlichen Raubtieren erlebte er den Reiz eines freien Lebens, das durch keine familiären Konventionen mehr gefesselt war. Jetzt konnte er sich vorstellen, «wie das wäre, wenn man hoch in der Luft dahinflöge. Das war ja gerade, als flöge man weit weg von seinem Kummer und seinen Sorgen und von allen Widerwärtigkeiten, die man sich denken konnte.»[40]

Die kindliche Phantasie wurde dabei zugleich über sich selbst aufgeklärt. Denn zum ersten Mal wurde das staunende Kind mit einem «erkenntnistheoretischen» Problem konfrontiert, das Karl Popper nie loswerden wird: Wie steht es mit der Realität? Ist diese phantastische Reise im Innern eines Buches nur ein Traum, der den kleinen Nils in eine imaginäre Landschaft entführte, weil er es müde war, die von den Eltern auferlegten Pflichten zu erfüllen? «Der Junge wollte durchaus nicht glauben, daß er in ein Wichtelmännchen verwandelt worden war. ‹Es ist gewiß nur ein Traum und Einbildung›, dachte er.»[41] Später, in seinem Angriff gegen jede idealistische Philosophie, gegen die Popper den Realismus ins Feld führen wird, findet die skeptische Frage des Nils Holgersson ihr philosophisches Echo. Der erwachsene Philosoph wird die Prüfungen wiederholen, mit denen sich Nils seiner Wirklichkeit vergewissern wollte; und wie dieser verwunderte Däumling wird er feststellen müssen, daß sich dem Traum nicht entkommen läßt, solange man von ihm gefangen ist. *Der Idealismus behauptet in seiner einfachsten Form: die Welt [...] ist bloß mein Traum. Offenbar ist diese Theorie (obwohl man weiß, daß sie falsch ist) nicht widerlegbar.*[42] Was immer man auch tut, um gegen die idealistische Träumerei den Realismus zu beweisen, es kann grundsätzlich doch keine Widerlegung sein. Nils «stellte sich vor den Spiegel und schloß die Augen. Erst nach ein paar Minuten öffnete er sie wieder und erwartete nun, daß der Spuk vorbei sei. Aber dies war nicht der Fall, er war noch ebenso klein wie vorher.»[43]

Noch ein drittes Motiv könnte für den großen und bleibenden Eindruck verantwortlich sein, den diese wunderbare Erzählung auf Karl machte: der tiefe Respekt vor den Tieren, deren Sprache das verzauberte Wichtelmännchen plötzlich verstehen konnte. Von den Wildgänsen lernte es, alle Geschöpfe dieser Welt zu achten und die absolute Privilegierung des Menschen in Frage zu stellen. «Wenn du etwas Gutes gelernt hast, Däumling, dann bist du vielleicht jetzt nicht mehr der Ansicht, daß die Menschen allein auf der Welt herrschen sollten. [...] Es wäre eine Wohltat, wenn sich für solche Geschöpfe, wie wir es sind, auch irgendwo eine Freistatt fände.»[44] Sieben Jahrzehnte später wird Popper sich die größte Mühe geben, seinen neurophysiologischen Gesprächspartner Sir John Eccles davon zu überzeugen, *daß es gute Gründe gibt für die Hypothese, daß die Tiere ein ähnliches Bewußtsein haben wie wir*[45]. Im Rahmen seiner evolutionären Erkenntnistheorie wird er in seinem Spätwerk nachzuweisen versuchen, wie sich das menschenähnliche Bewußtsein der hochentwickelten Tiere aus der Problemsituation heraus entwickelt, die sie zu bewältigen haben.

Noch als Siebenundachtzigjähriger wird er 1989 an die Wildgänse seiner Kindheit erinnern. *Eine weidende Schar von Wildgänsen wird von einem Fuchs umschlichen. Eine von ihnen sieht den Fuchs und alarmiert die anderen.*[46] Das sah auch das Wichtelmännchen – Smirre, den Fuchs, auf der Jagd nach den Gänsen –, und der alte Sir Karl hat daraus seine Schlüsse gezogen. Nur die «Sprache» der Tiere wird er nicht mehr verstehen, zumindest nicht in ihrer darstellenden Funktion. Tiere können nur einen inneren Zustand ausdrücken, und ihre Äußerungen besitzen nur eine auslösende Signalfunktion. *Der Auslöseruf warnt, daß ein Fuchs kommt.*[47] Aber sie können keine Sachverhalte und Denkinhalte mitteilen, zumindest nicht für das Verständnis des Menschen. Wieder Mensch geworden, konnte Nils seine geliebten Wildgänse «nicht zu sich rufen, weil ein Mensch die Sprache der Vögel nicht sprechen kann. Er konnte sie nicht allein nicht sprechen, nein, er konnte sie auch nicht verstehen.» Sie schnatterten nur noch; aber plötzlich wurden sie merkwürdig still, als wenn sie sagen wollten: «Ach, er ist ja ein Mensch! Er versteht uns nicht, und wir verstehen ihn nicht.»[48]

Es waren vor allem Leseerlebnisse, durch die sich die intellektuelle Einbildungskraft des Jungen inspirieren ließ. Das bedeutet jedoch nicht, daß er zu einem Stubenhocker und Bücherwurm wurde. Popper war nicht nur ein lesendes Kind, das sich den Surrogaten einer Bücherwelt unterwarf. Die Sehnsucht des Nils Holgersson blieb in ihm lebendig. Er

Sir John C. Eccles

Diskussion mit Konrad Lorenz

spielte gern im Freien und stromerte durch die Straßen Wiens. Zwar war er *vielleicht ein bißchen zu brav* und das, *was die Amerikaner «a softy» nennen*.⁴⁹ Aber auch ihn begeisterten Cowboy- und Indianerspiele, in denen die Abenteuer im Wilden Westen nacherlebt wurden. Viele, viele Jahre später, in einem Kamingespräch am 21. Februar 1983, werden er und sein Jugendfreund Konrad, dem es gelungen war, als Tierpsychologe mit dem Vieh, den Vögeln und den Fischen zu reden, sich noch gern an diese Zeit erinnern. «Bei Indianerspielen haben wir ihn als ‹Bleichgesicht› an den Baum gebunden, worüber er nie bös war», bemerkte Konrad Lorenz, und Karl Popper gab ihm zur Antwort: *Ich war sehr beeindruckt von Konrad: Er war ein großer und ein tapferer Indianerhäuptling.*⁵⁰

Viel lieber als die schulischen Unterrichtsstunden, die ihn oft unendlich langweilten, waren ihm die Ferien, die er mit der Familie und guten

28. Juni 1914, Sarajewo: Attentat auf Österreichs Thronfolger
Franz Ferdinand. Zeichnung von Felix Schwormstedt

Freunden in den österreichischen Bergen verbrachte. Auch die Sonntagsausflüge der Monisten in den Wienerwald, zu denen ihn, er war etwa elf Jahre alt, sein älterer sozialistischer Freund Arthur Arndt oft mitnahm, bereiteten ihm großes Vergnügen. *Da wurden Marxismus und Darwinismus diskutiert. Zweifellos überstieg das meiste davon meine Auffassungsgabe. Aber es war interessant und aufregend.*

Einer dieser Sonntagsausflüge fiel auf den 28. Juni 1914. Gegen Abend, auf der Rückkehr in die Stadt, hörte er, daß Erzherzog Franz Ferdinand, der österreichische Thronfolger, und dessen Frau in Sarajewo ermordet

Kriegsbeginn: Österreichische Infanteristen auf dem Weg zum Abtransport an die Front

worden waren. *Etwa zwei Wochen später fuhr meine Mutter mit meinen beiden Schwestern und mir nach Altaussee, einem Dorf unweit von Salzburg, wo wir unsere Sommerferien verbrachten. Und in Altaussee, an meinem zwölften Geburtstag, bekam ich einen Brief von meinem Vater, in dem er schrieb, daß es ihm leid tue, nicht zu meinem Geburtstag kommen zu können, wie er es vorgehabt habe, «denn es ist leider Krieg».*[51]

Am 28. Juli 1914, seinem Geburtstag, erklärte Österreich-Ungarn Serbien den Krieg. Der Funke des lokalen Balkankonflikts sprang, unterstützt durch die kriegerische Weltmachtpolitik des kaiserlichen Deutschland, schnell über und entzündete einen vernichtenden Flächenbrand, der ganz Europa überzog. Der Erste Weltkrieg zerstörte die Welt, in der Popper aufgewachsen war. Seine unbeschwerte Kindheit war zu Ende.

Schlüsselerlebnisse 1919

In der Hörlgasse

Schon vor Beginn des Krieges hatte Popper sozialistische Gedanken kennengelernt. Vor allem Arthur Arndt, der etwa zwanzig Jahre ältere Freund, hatte in ihm *einen willigen Zuhörer für seine sozialistischen Ideen*[52] gefunden. Sie schienen ihm überzeugende Antworten auf die «Soziale Frage» zu liefern und der erwünschten Veränderung der elenden sozialen Verhältnisse begehbare Wege zu eröffnen. Auch die allgemeine Kriegsfeindlichkeit der sozialistischen Parteien in einer ganz Europa durchziehenden Vorkriegsstimmung hatte Poppers pazifistische Grundhaltung angesprochen. Davon konnte ihn selbst *das ohrenbetäubende Getöse, das der Patriotismus ausübte*[53], nicht abbringen. Er war erschüttert über die vielen Menschen, die auf den europäischen Schlachtfeldern zur höheren Ehre der herrschenden Klassen sterben mußten.

Je deutlicher der Krieg sein wahres Gesicht zeigte, um so stärker festigten sich Poppers sozialistische Überzeugungen. Er trat der Vereinigung sozialistischer Mittelschüler bei und nahm an deren Versammlung teil.

Er war etwas über sechzehn Jahre alt, als der Krieg zu Ende ging. Die militärische Niederlage der Mittelmächte führte zum Zerfall der österreichisch-ungarischen Doppelmonarchie und hinterließ einen politischen und kulturellen Scherbenhaufen. Es galt, nach vorwärts zu träumen. In dieser Situation wurde auch Popper *zu meiner eigenen privaten Revolution*[54] angeregt. Zunächst entschloß er sich, der hoffnungslosen Qual des schulischen Unterrichts zu entfliehen, aus der Mittelschule auszutreten und auf eigene Faust zu studieren. Er schloß sich einer unorganisierten linken Jugendgruppe an. *Wir machten Ausflüge, gingen in die Berge, diskutierten und hofften, die Welt zu verbessern. Und wir rauchten nicht, tranken keine alkoholischen Getränke und – selbstverständlich – nahmen keine Drogen.*[55] Schließlich, im Frühjahr 1919, nach einem grausamen Hungerwinter, vollzog er seinen radikalsten Schritt: er entschied sich, zur *Avantgarde des Sozialismus*[56] zu gehören, und betrachtete sich als Kommunist.

Was hat ihn, der zur besten jungen Intelligenz des Bürgertums gehörte, zur roten Fahne geführt? Es werden vordringlich emotionale Impulse gewesen sein, nicht wissenschaftliche Erkenntnisse. Er empörte sich über das Elend, vor dem er nicht die Augen verschließen konnte; er begehrte auf gegen die gesellschaftliche Unfreiheit, in der die meisten Menschen zu leben gezwungen waren; der humanitäre und freiheitliche Anspruch des Sozialismus begeisterte ihn.

Für diesen jugendbewegten Enthusiasmus, dem das Humanum im Marxismus praktisch-ethisches Richtmaß war, spielte der theoretische Anspruch des Marxismus, das objektiv Unvermeidliche des Kommunismus und seiner revolutionären Herbeiführung wissenschaftlich begründen zu können, nur eine untergeordnete Rolle. Gerade diese Erkenntnisintention jedoch war es, die Poppers «Kommunismus» schon bald auf die Probe stellen sollte und ihn zum Anti-Marxisten werden ließ. Zwar wird er viele Ideale aus seiner sozialistischen Jugendzeit ins hohe Alter retten. *Und wenn es so etwas geben würde wie einen Sozialismus verbunden mit persönlicher Freiheit, dann wäre ich auch heute noch Sozialist.*[57] Aber der

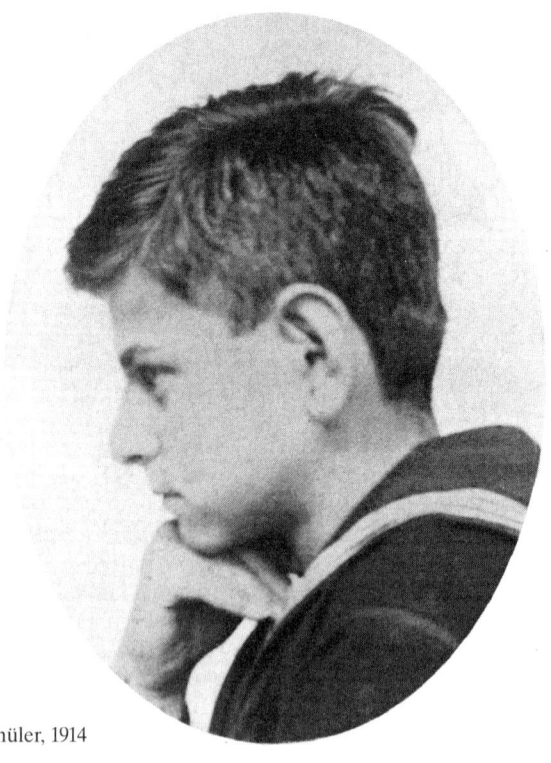

Karl Popper als Schüler, 1914

Hungersnot im Winter 1918/19. Auf den abgeernteten Feldern in der Umgebung Wiens wird nach Überresten gesucht

«wissenschaftliche Sozialismus» mit seiner Lehre von der ehernen geschichtlichen Notwendigkeit, die es unter unvermeidbaren Opfern durchzusetzen gelte, wird ihm als reinster Aberglaube erscheinen.

Das politische Schlüsselerlebnis fand am 15. Juni 1919 statt. In der Hörlgasse, 9. Wiener Gemeindebezirk, wurde Popper Augenzeuge eines gewaltsamen Zusammenstoßes, bei dem die Polizei zwanzig unbewaffnete Demonstranten erschoß und siebzig schwer verletzte. Es war ein Schock, der ihn im Innersten traf und beunruhigte. *Was mich vom Kommunismus abbrachte und was mich auch bald vom Marxismus überhaupt wegführen sollte, gehört zu den wichtigsten Ereignissen meines Lebens. Es war kurz vor meinem siebzehnten Geburtstag. Während einer Demonstration machten junge unbewaffnete Sozialisten, angespornt von den Kommunisten, den Versuch, einige Kommunisten zu befreien, die in der Wiener Polizeidirektion unter Arrest waren. Mehrere sozialistische und kommunistische Arbeiter wurden erschossen. Ich war entsetzt über das Vorgehen der Polizei, aber ich war auch empört über mich selbst. Denn es wurde mir klar, daß ich als Marxist einen Teil der Verantwortung für die Tragödie trug – wenigstens im Prinzip.*[58]

Popper wird sich immer wieder an diesen 15. Juni erinnern. Aber er hält diesen Tag nicht fest als ein historisches Datum. Ihre entscheidende

15. Juni 1919, Wien: Zusammenstoß zwischen Polizei und Demonstranten in der Hörlgasse, IX. Bezirk. Die blutige Bilanz waren zwanzig Tote und siebzig Schwerverletzte

Bedeutung erhielt diese *Tragödie* auf einem inneren Schauplatz. Popper war *entsetzt und erschüttert* darüber, daß Polizisten auf Unbewaffnete geschossen hatten. Aber stärker noch schien er sich über sich selbst zu empören. Warum diese strenge Selbstanklage?

Er fühlte sich mitverantwortlich. Zwar wußte er, daß er für die Toten nichts konnte. Er war ja nur Zuschauer gewesen, etwas verspätet hinzugekommen, und an den Vorbereitungen zur Demonstration hatte er nicht teilgenommen. Aber es wurde ihm plötzlich klar, daß er vor den Toten sich zu verantworten hatte. In diesem entscheidenden Augenblick sah er sich gezwungen, Rechenschaft über sein eigenes politisches Glaubensbekenntnis abzulegen.

Popper hatte sich als Marxist und Kommunist verstanden. Aber war ihm bewußt gewesen, auf welche Theorie und Praxis er sich damit einließ? *Ich hatte Marx und Engels gelesen – ja, aber hatte ich wirklich darüber kritisch nachgedacht?*[59] Angesichts der Erschossenen stellte sich ihm die prinzipielle Frage nach der Legitimität und Begründung revolutionärer Gewalt. Wohin ihn diese Problemsituation führen würde, konnte er damals nur ahnen. Aber *empört über mich selbst* wußte er bereits, daß er in seinem jugendlichen Freiheitsdrang vorschnell Behauptungen gefolgt war, die auf schwachen Füßen standen. Sein Teil der Verantwortung für die Tragödie bestand, mit anderen Worten, in der Verletzung einer intellektuellen Pflicht: er war bereit gewesen, tödliche Opfer für die Herbeiführung einer guten Sache zu akzeptieren, mit der er gefühlsmäßig sympathisierte, ohne sie hinreichend durchdacht zu haben. *Man kann und darf wohl sein eigenes Leben für eine solche Sache riskieren, aber nie das Leben eines anderen. Es aufgrund einer Ideologie zu tun, war unverantwortlich, besonders für einen Intellektuellen, der ein Buch lesen und darüber nachdenken konnte. Es war überaus deprimierend und erschütternd, in eine solche Falle geraten zu sein.*[60] Seine Emotionen hatten seinen Geist beherrscht und sein kritisches Lese- und Denkvermögen eingeschläfert. Das sollte ihm nicht noch einmal passieren.

Einstein und die Sonnenfinsternis

Etwa zur gleichen Zeit, in der er sich politisch vom Sozialismus begeistern ließ, wurde Popper von einem kosmologischen Rausch erfaßt. Er war fünfzehn oder sechzehn Jahre alt, als er in der väterlichen Bibliothek zum ersten Mal den Vorsokratikern begegnete – Anaximandros, Pythagoras, Xenophanes, Herakleitos, Parmenides und den anderen.

Diese Begegnung hat sein ganzes Leben verändert. Er wurde zu einem *Liebhaber der wunderschönen Geschichte der Vorsokratiker*[61]. Noch in einem seiner letzten Aufsätze (über die Rolle von Mondgöttin und Son-

Isaac Newton. Gemälde
von Godfrey Kneller, 1702

nengott im Lehrgedicht des Parmenides) wird er 1992 an dieses erste Treffen erinnern: *Ich war von dieser Begegnung überwältigt.*[62] Popper bewunderte die Kühnheit dieses Denkens, das auf eine Lösung der großen kosmologischen Rätsel drängte. Woraus besteht die Welt? Was ist der Grund von Bewegung? Wie ist die Bahn der Gestirne zu erklären? Woher wissen wir, daß es Götter gibt? – Er war überwältigt durch die geistige Energie der rationalen Spekulation, mit der die Vorsokratiker die grundlegenden Prinzipien und Ursachen des Kosmos zu erkennen suchten, zwar angeregt, aber nicht beherrscht durch die aufmerksame Beobachtung sichtbarer Naturerscheinungen. Im Lauf seines Lebens wird Popper es wiederholt *gut* finden, *von Zeit zu Zeit daran zu erinnern, daß unsere Westliche Wissenschaft – und es scheint keine andere zu geben – nicht damit begann, Beobachtungen von Orangen zu sammeln, sondern mit kühnen Theorien über die Welt.*[63]

An den Vorsokratikern liebte der Siebzehnjährige ihre spekulative Energie und rationale Phantasie. Geglaubt hat er dagegen an die Theorie Isaac Newtons, die ihm eine grandiose Einsicht in die grundlegenden Gesetzmäßigkeiten der physikalischen Welt vermittelte. *In jenen Tagen war ich ein enthusiastischer Newtonianer.*[64]

Newtons Theorie erschien ihm *als die Verwirklichung, nach über 2000*

Jahren, des ursprünglichen Forschungsprogramms der vorsokratischen Naturphilosophie[65]. Vor allem Newtons geniale theoretische Erklärung der Bewegung von Körpern berauschte ihn. *Das war wirkliche Erkenntnis, die die kühnsten Träume der kühnsten Geister noch übertraf. Das war eine Theorie, die nicht nur die Bewegung aller Sterne erklärte, sondern ebenso genau auch die Bewegung von Körpern auf der Erde wie fallenden Äpfeln, Geschossen oder Pendeluhren. Sie erklärte sogar die Gezeiten.*[66] Nicht zuletzt der gewaltige Aufschwung der Astronomie war Newtons Bewegungsgesetz und Gravitationsgesetz zu verdanken, die einem universalen mechanistischen Weltbild wie vorbildliche Muster zugrunde lagen. Die Welt der beweglichen Körper schien ein riesiges Uhrwerk zu sein, dessen mechanisches Funktionieren Newtons Theorie auf wunderbare Weise erklären und mathematisch berechnen konnte.

Bis zu seinem siebzehnten Lebensjahr war Popper überzeugter Anhänger Newtons. Er zweifelte nicht daran, daß Newtons Physik richtig war. Hier lag sicheres, unbezweifelbares und hinreichend begründetes Wissen über den Kosmos vor. Newtons Physik hatte den Schleier vor der wahren Wirklichkeit gelüftet.

Im Sommer 1919 aber erfaßte Popper eine tiefe Beunruhigung. Die Atmosphäre nach dem Zusammenbruch der Donaumonarchie revolutionierte nicht nur sein politisches Bewußtsein. *Denn zur selben Zeit hörte ich von Einstein; und die Einsteinische Revolution übte über Jahre hinaus vielleicht den wichtigsten Einfluß auf mein Denken aus.*[67]

Das kosmologische Schlüsselerlebnis fand statt, als Popper von einem Experiment erfuhr, das weit entfernt von Wien am 29. Juni 1919 stattgefunden hatte. In diesem Fall war es jedoch keine Tragödie, die ihn entsetzte. Es war eine Erfolgsmeldung, die ihn wie ein Thriller packte und erregte. *Wir alle – der kleine Kreis von Studenten, zu dem ich gehörte – waren überwältigt von den Ergebnissen der Beobachtungen Eddingtons bei der Sonnenfinsternis von 1919, die die erste wichtige Bestätigung der Einsteinschen Gravitationstheorie brachten. Es war ein gewaltiges Erlebnis für uns, ein Erlebnis, das einen nachhaltigen Eindruck auf meine intellektuelle Entwicklung ausübte.*[68] Was war geschehen?

Popper war, nachdem er gegen Ende 1918 die Mittelschule verlassen und sich als außerordentlicher Hörer an der Wiener Universität eingeschrieben hatte, von einem Kommilitonen (Max Elstein) über die Grundidee der Einsteinschen Relativitätstheorie aufgeklärt worden. Raum und Zeit sollten nicht mehr den festgefügten «absoluten» Rahmen bilden, in dem Ereignisse stattfinden können; sie sollten statt dessen dynamische Größen einer gekrümmten vierdimensionalen Raumzeit sein, im Wechselspiel mit der Bewegung von Körpern und der Wirkungsweise von Kräften. Damit war auch die euklidische Geometrie in ihre Schranken verwiesen worden. Unsere Welt ist, Einstein zufolge, nichteuklidisch. Ihre geometrische Beschaffenheit wird durch Massen und deren

Albert Einstein

Geschwindigkeiten bestimmt und durch die Gravitationsgleichungen der allgemeinen Relativitätstheorie zu erklären versucht.

Das alles erschien Popper zunächst als eine wilde Spekulation, über die eine Menge Unsinn geredet wurde. Er war ja in einer Atmosphäre aufgewachsen, in der Newtons Physik und Euklids Geometrie als ausgemachte Wahrheiten betrachtet wurden, die zudem durch Kants Philosophie ihre metaphysische Weihe erhalten hatten.

Jetzt sollte es plötzlich Einstein gelungen sein, eine bessere und schönere Theorie zu konstruieren, die von anderen theoretischen Grundvoraussetzungen ausging. Besonders Newtons Gravitationsgesetze sollten nicht mehr generell gelten. Denn sie lieferten, Einstein zufolge, keine Erklärungen für Phänomene, bei denen sehr starke Gravitationsfelder und sehr schnelle Geschwindigkeiten eine Rolle spielen. Sie versagten, wenn es zum Beispiel um den Verlauf von Lichtstrahlen durch das Gravitationsfeld der Sonne geht. Denn sie mußten die Folgerung vorenthalten, die sich aus Einsteins allgemeiner Relativitätstheorie ableiten ließ: daß sich nämlich Lichtstrahlen in Gravitationsfeldern im allgemeinen krummlinig fortpflanzen.

Einsteins Revolution war zunächst ein kühner Entwurf. Schöpferische Intuition und deduktives Denken spielten dabei eine wichtige Rolle.

Aber wie stand es mit der Realität? Hielt Einsteins Theorie einer empirischen Überprüfung stand? In dieser Situation ging Einstein 1916 das Risiko ein, ein Experiment vorzuschlagen, das seine Theorie einer kritischen Prüfung unterziehen ließ: «Wenn eine eingehende Überlegung auch ergibt, daß die Krümmung der Lichtstrahlen, welche die allgemeine Relativitätstheorie liefert, für die uns in der Erfahrung zur Verfügung stehenden Gravitationsfelder nur äußerst gering ist, so soll sie für Lichtstrahlen, die in der Nähe der Sonne vorbeigehen, doch 1,7 Bogensekunden betragen. Dies müßte sich dadurch äußern, daß die in der Nähe der Sonne erscheinenden Fixsterne, welche bei totaler Sonnenfinsternis der Beobachtung zugänglich sind, um diesen Betrag von der Sonne weggerückt erscheinen müssen gegenüber der Lage, die sie für uns am Himmel einnehmen, wenn die Sonne an einer anderen Stelle am Himmel steht. Die Prüfung des Zutreffens oder Nichtzutreffens dieser Konsequenzen ist eine Aufgabe von höchster Wichtigkeit, deren baldige Lösung wir von den Astronomen erhoffen dürfen.»[69]

Es war nicht leicht, dieser Aufgabe nachzukommen. Man mußte eine totale Sonnenfinsternis abwarten, weil zu jeder anderen Zeit die durch das Sonnenlicht bestrahlte Atmosphäre so stark leuchtet, daß die sonnennah erscheinenden Sterne unsichtbar sind. Drei Jahre später war es dann soweit. Ohne sich durch die Kriegsereignisse, für die Deutschland als hauptverantwortlich galt, beirren zu lassen, sandte die englische «Astronomical Royal Society» mehrere ihrer besten Astronomen unter der wissenschaftlichen Leitung von Arthur Stanley Eddington zu zwei

Arthur Stanley Eddington

Expeditionen aus, um diese provokante Voraussage des deutschen Physikers zu überprüfen. Am 29. Juni 1919 wurden in Sobral (im Nordosten Brasiliens) und auf der Insel Principe (vor der westafrikanischen Küste) die «höchst wichtigen» Sternaufnahmen gemacht. Die Ergebnisse waren für alle, die an Euklids Geometrie und Newtons Physik festhalten wollten, äußerst überraschend und verwirrend. Es verhielt sich tatsächlich fast genau so, wie Einstein es prognostiziert hatte. «Es ist doch eine Gnade des Schicksals», schrieb Einstein an Max Planck, «daß ich dies habe erleben dürfen.»[70]

Auch der enthusiastische Newtonianer Popper war von diesem Erlebnis tief beeindruckt. Er mußte anerkennen, daß Einsteins Theorie an Erklärungskraft der Newtonschen überlegen war und ihre theoretisch abgeleiteten Voraussagen nicht widerlegt worden waren. Aber stärker noch als diese Nichtwiderlegung bewunderte er das Risiko, das Einstein mit seinem drängenden Vorschlag eingegangen war. *Was mich hauptsächlich beeindruckte, war nicht so sehr die Nichtwiderlegung, obzwar die sicher sehr eindrucksvoll war, sondern die Tatsache, daß sich hier eine Theorie aufs äußerste exponierte, sozusagen eine Widerlegung verlangte, und daß die Widerlegung nicht stattfand.*[71]

Ein kurzer Disput mit Alfred Adler

Seine Begegnung mit der Relativitätstheorie hatte in Popper eine Idee keimen lassen, noch unausgereift und in ihrer Tragweite unabsehbar: Unwiderlegbarkeit ist keine Tugend einer Theorie, wie oft geglaubt wird, sondern ein Zeichen ihrer Schwäche; jede «gute» wissenschaftliche Theorie setzt sich dagegen dem Risiko ihrer Widerlegung aus. Dieser überraschende Einfall machte ihm plötzlich auch bewußt, in welche Falle er als Marxist geraten war.

Das begann Popper noch klarer zu sehen, als er es mit der Psychoanalyse zu tun bekam. Auch wenn seine *Begegnung mit Adlers Individualpsychologie und mit Freuds Psychoanalyse (das alles spielte sich fast gleichzeitig ab, im Jahr 1919) von weit geringerer Bedeutung*[72] war als sein Zusammentreffen mit dem Marxismus, so lief sie doch in ähnlicher Weise ab. Denn wieder zeigte sich ihm, daß es diesen Theorien nicht wesentlich darauf ankam, sich widerlegen zu lassen. Jeder neue Fall erschien nur als eine willkommene Bestätigung dessen, was man bereits zu wissen glaubte und für wahr hielt.

Von Sigmund Freud, dem Wiener Zeitgenossen, hatte er schon als Kind viel Aufregendes gehört. Mit Freuds Schwester, Rosa Graf, waren die Eltern gut befreundet. Man verbrachte gemeinsame Ferien. In der aufgeklärten Familie Popper waren Freuds Ermittlungen sexueller

Alfred Adler

Triebkräfte nicht undiskutiert geblieben. Auch Popper war neugierig auf die stets überraschenden Erhellungen, mit denen die Psychoanalyse zunehmendes Interesse erweckt hatte. Dem Wiener Bürgertum schien das sexuelle Geheimnis seiner Träume und Neurosen gelüftet zu werden. Die psychoanalytischen Interpretationen schienen auch durch therapeutische Erfahrungen gut bestätigt zu sein. Doch auch hier stellten sich dem jungen Leser schon bald die skeptischen Fragen: «Hatte ich wirklich verstanden, was Freud schrieb? Hatte ich wirklich darüber kritisch nachgedacht?» Und wieder mußte er mit einem «Nein» antworten.

Das psychoanalytische Schlüsselerlebnis ereignete sich ebenfalls im Sommer 1919. Es betraf allerdings nicht direkt die Lehre Freuds, sondern eines ihrer großen Abfall-Produkte: die «Individualpsychologie» Alfred Adlers nämlich, die sich seit 1911 als eigenständige Theorie gegen die Lehre des Meisters zu profilieren und Macht zu gewinnen suchte. Der Widerstreit zwischen dem Interpretationskünstler Freud und dem Systembauer Adler war heftig. Gegen Freuds sexualorientierte Neurosenlehre opponierte der «Individualpsychologe» Adler mit seiner allgemeinen Hervorhebung des menschlichen «Inferioritätskomplexes», eines biologisch tiefverwurzelten und kindlich erfahrenen Gefühls der Minderwertigkeit und Unsicherheit, das durch individuelle Lebensstile zu meistern oder zu kompensieren versucht wird und alle menschlichen Affektionen beherrschen soll.

Dieser interne Machtkampf hat Popper nicht allzusehr berührt. Denn in beiden Fällen sah er den gleichen Mechanismus am Werk. Ständig wurden «klinische Beobachtungen» angeführt, welche die jeweiligen Standpunkte verifizieren sollten. Zwar zweifelte Popper persönlich nicht daran, *daß vieles von dem, was sie sagten, von beträchtlicher Wichtigkeit ist*[73]. Aber die Theorien schienen eher wie Mythen zu funktionieren, die sich immer wieder nur ihrer eigenen Stärke zu vergewissern suchten, ohne durch widersprechende Fälle sich korrigieren oder widerlegen zu lassen. *Diese Theorien beschreiben einige Fakten, aber in der Art von Mythen. Sie enthalten sehr interessante psychologische Annahmen, doch nicht in überprüfbarer Form.*[74]

Eine pointierte Kontroverse mit Adler bestärkte Poppers Mißtrauen. Ende des Krieges hatte er ihn persönlich näher kennengelernt. Adler hatte einige Erziehungsstellen für Kinder und Jugendliche aus den Arbeitervierteln Wiens eingerichtet, und der junge Popper versuchte dort zu helfen, so gut er konnte. Da mußte er erleben, daß es mit der wissenschaftlichen Verantwortlichkeit Adlers nicht allzuweit her war. *Was Adler betrifft, machte ich eine persönliche Erfahrung, die mich sehr beeindruckte. Einmal, im Jahre 1919, schilderte ich ihm einen Fall, der mir nicht besonders adlerianisch vorkam, den er jedoch ohne Schwierigkeiten mit den Termini seiner Theorie des Minderwertigkeitsgefühls analysierte, obwohl er das Kind gar nicht gesehen hatte. Leicht schockiert fragte ich ihn, woher er das so genau wußte. «Aus meiner tausendfachen Erfahrung», erwiderte er, worauf ich mir nicht verkneifen konnte zu sagen: «Und mit diesem neuen Fall wurde ihre Erfahrung, wenn ich richtig vermute, zu einer tausendundeinfachen.»*

Das war nur eine spontane freche Bemerkung. Aber zielsicher traf sie die Schwachstelle der individualpsychologischen Systemkonstruktion. *Ich überlegte mir dabei, daß seine früheren Beobachtungen wahrscheinlich nicht zuverlässiger waren als diese neue; daß jede wieder im Lichte der «früheren Erfahrung» interpretiert worden war und gleichzeitig als weitere Bestätigung zählte. Was, so fragte ich mich, wird hier bestätigt? Nicht mehr als die Tatsache, daß ein Fall im Licht einer Theorie interpretiert werden konnte. Das ist aber nicht sehr viel, dachte ich.*[75] Die vermeintliche Stärke der Adlerschen Theorie entlarvte sich als ihre wirkliche Schwäche. Denn sie spiegelte vor, jeden beliebigen Fall unter ihr System subsumieren zu können, während sie doch immer nur sich selbst bestätigte und durch keinen neuen Fall aus der Ruhe bringen lassen wollte. In dieser Hinsicht war sie eben nichts anderes als ein «Mythos».

Schlußfolgerungen

Tote und Verletzte in der Hörlgasse, Sternfotografien, ein Disput mit Adler. Drei Ereignisse hatten stattgefunden, die nicht mehr zu verbinden schienen als ihre zufällige Gleichzeitigkeit. Erst nachträglich haben sich diese Begebenheiten Poppers Gedächtnis als «Schlüsselerlebnisse» eingeschrieben. Sie wurden ihm begreifbar als Auslöser einer Denkbewegung, die aus diesen so verschieden gelagerten Vorkommnissen ihre weitreichenden philosophischen Schlüsse zu ziehen begann.

Der Siebzehnjährige wollte kein Philosoph werden. Er tauchte zwar gern in die Welt der Bücher ein, und das Gelesene ergriff ihn ganz. Die Lektüre der Vorsokratiker begeisterte ihn, und von den Werken Newtons oder Kants war er fasziniert, auch wenn er dessen «Kritik der reinen Vernunft» noch viel zu schwer fand und nicht recht verstehen konnte, worum es sich da handelte. Aber die meisten der philosphischen Bücher in der Bibliothek seines Vaters erschienen ihm als irreführende Versuche, den wirklichen Problemen aus dem Wege zu gehen. *Ich faßte eine Abneigung gegen die Philosophie.*[76] Statt dessen wollte er lieber ein Landerziehungsheim gründen und dort Lehrer werden.

Ich wollte ja nie Philosoph werden, ich wollte nie Berufsphilosoph werden. Daß ich es geworden bin, ist gewissen äußeren Umständen zuzuschreiben – ich möchte nicht sagen zu verdanken. Bis es soweit kommen sollte, brauchte noch lange Zeit. Aber der Sommer 1919 spielte für diese spätere Entwicklung dennoch eine vorwärtsweisende Rolle. Popper sah,

Die Kärntner Straße in Wien, um 1926

wenngleich nur undeutlich und weit entfernt, die große Aufgabe vor sich, der er sich mit seinem philosophischen Lebenswerk verschreiben wird: *Es ist die Aufgabe des Berufsphilosophen, die Dinge, die manche andere als selbstverständlich hinnehmen, kritisch zu untersuchen. Denn viele dieser Ansichten sind einfach Vorurteile, die unkritisch als selbstverständlich hingenommen werden, aber sehr oft einfach falsch sind. Um das herauszubekommen, braucht man vielleicht so etwas wie einen Berufsphilosophen, der sich Zeit zum kritischen Nachdenken nimmt.*[77]

Es scheint, als wäre sich Popper darüber durch seine Schlüsselerlebnisse 1919 zum ersten Mal bewußt geworden. Ihr gemeinsamer Nenner lag im Vorschein einer philosophischen Haltung, die er rückblickend dann so skizzieren wird: Es kommt darauf an, *kritisch über das Universum und unseren Platz in ihm nachzudenken sowie über die gefährliche Macht unseres Wissens und unsere Kraft zum Guten und Bösen*[78].

Für eine kritische Einstellung auf dem Feld der Kosmologie hatte ihm Einsteins Gravitationstheorie ein eindrucksvolles Beispiel geliefert. *Das Resultat dieser Revolution ist: Ob nun Einsteins Theorie wahr ist oder falsch – sie zeigt, daß Wissen im klassischen Sinn, gesichertes Wissen, Gewißheit, unmöglich ist.*[79] Was jedem Newtonianer als wahr erschien, war plötzlich in Frage gestellt worden. Poppers Newton-Enthusiasmus war in seine Grenzen verwiesen worden. Aber diese Abkühlung wurde zugleich kompensiert durch die Bewunderung, die Einsteins riskante Prognose der Lichtkrümmung bei ihm auslöste. *Nun ist das Beeindruckende in diesem Fall das Risiko, das in einer derartigen Vorhersage steckt. Wenn die Beobachtung zeigt, daß die vorausgesagte Wirkung definitiv nicht eintritt, ist die Theorie ganz einfach widerlegt. Die Theorie ist inkompatibel mit gewissen möglichen Resultaten der Beobachtung – also mit Resultaten, die praktisch jeder vor Einstein erwartet hätte.*[80] Jede Theorie liefert nur ein Vermutungswissen, das sich einer kritischen Überprüfung aussetzen muß.

Diesem Muß hatte Einstein Folge geleistet. Ganz anders sah es aus mit der marxistischen Theorie der Geschichte, mit Freuds Psychoanalyse und Adlers Individualpsychologie. *Diese Theorien erweckten den Anschein, praktisch alles erklären zu können, was sich innerhalb ihres jeweiligen Bezugrahmens abspielt. Das Studium jeder der drei Theorien schien die Wirkung einer intellektuellen Bekehrung oder Offenbarung zu haben, ein Augenöffnen für eine neue Wahrheit, die den noch nicht Eingeweihten verborgen war. Waren die Augen erst einmal geöffnet, erblickte man überall bestätigende Beispiele: die Welt war voll von Verifikationen der betreffenden Theorien. Was immer geschah, es wurde bestätigt. Eine solche Wahrheit erschien handgreiflich; und Ungläubige waren einwandfrei solche, die diese handgreifliche Wahrheit nicht sehen wollten; die sich weigerten, sie zu sehen, sei es, weil sie ihrem Klasseninteresse widersprach, sei es, weil ihre Verdrängungen noch «unanalysiert» waren und laut nach Behandlung schrien.*[81]

Wien, Bauernmarkt 1. Im ersten Stock wohnte die Familie Popper.
Foto von 1993

Es ging dem jungen Studenten Popper damals nicht um die mögliche Wahrheit der Einsteinschen Theorie oder um den Nachweis, daß die Theorien von Marx, Freud und Adler falsch sein könnten. Seine Schlüsselerlebnisse hatten ihn erkennen lassen, daß es sich um ein gleichsam ethisches Problem handelte: um die intellektuelle Verpflichtung einer kritischen Einstellung. *So kam ich, gegen Ende des Jahres 1919, zu dem Schluß, daß die wissenschaftliche Haltung die kritische war; eine Haltung, die nicht auf «Verifikationen» ausging, sondern kritische Überprüfungen suchte; Überprüfungen, die die Theorie widerlegen konnten, nie aber als wahr erweisen.*[82] Es war ein langer Weg, auf den Popper sich mit dieser Erkenntnis begab. Aber er sah bereits die Markierungen vor sich, an denen er sich später orientieren wird.

Wiener Lehr- und Studienjahre 1920–1930

Student, Arbeiter und Tischlerlehrling

Im Winter 1919/20 hatte ich das Problem der Abgrenzung zwischen Wissenschaft und Nicht-Wissenschaft formuliert und gelöst, aber nicht der Veröffentlichung für wert gehalten.[83] Fünfzig Jahre später hat Popper nicht ohne Stolz auf seine erste Lösung eines philosophischen Grundproblems verwiesen. Aber konnte er damals schon wissen, was er geleistet hatte?

Auch wenn das Jahr 1919 für Poppers geistige Entwicklung von großer Bedeutung war und die Frage, was den Wissenschaftscharakter (von Marxismus, Relativitätstheorie und Psychoanalyse) eigentlich ausmacht, sein Denken beherrschte, so war ihm doch die Vorstellung, Philosoph zu werden, noch völlig fremd. Wie die meisten seiner Freunde wußte auch er nicht recht, was er werden sollte. Die jungen Intellektuellen, zu denen sich Popper zählte, waren zwar *geistig rege, wir lernten, und wir machten Fortschritte. Begierig verschlangen wir alles, was wir zu lesen fanden; wir diskutierten darüber, tauschten unsere Ansichten aus, studierten und versuchten, die Spreu vom Weizen zu sondern. Wir hörten zusammen Musik, wir wanderten in den wunderschönen österreichischen Bergen, und wir träumten von einer besseren, gesünderen, einfacheren und ehrlicheren Welt.*[84] Aber wohin konnten ihn diese Studien, Leseerlebnisse und Träume führen? Das Leben war hart, die meisten hatten keine Aussichten und keine Pläne für die Zukunft, und oft waren die Freunde niedergedrückt, mutlos und von den politischen Verhältnissen abgestoßen.

Der Zusammenbruch der Österreichisch-Ungarischen Monarchie hatte bei vielen Österreichern wie ein ungeheurer Schock gewirkt. Eine Lebensform war zerstört worden. Das Selbstbewußtsein einer mächtigen Tradition, die sich im produktiven Zusammenprall verschiedener Kulturen herausgebildet hatte, war zerbrochen. Deutschösterreich war auf Grund des Staatsvertrages am 21. November 1919 zur «Republik Österreich» umgewandelt worden, zu einem nationalstaatlichen Kunstgebilde ohne kulturelle Identität. Der Erste Weltkrieg hatte Österreich auch ökonomisch in eine tiefe Krise gestürzt. Es herrschte Kohlenmangel, und die Produktionsstätten waren großteils außer Betrieb. Hunderttausende Soldaten waren aus dem Krieg heimgekehrt und fanden keine Arbeit. Nahrungsmittel waren äußerst knapp. Die Kaufkraft der Währung ließ rapide nach. Der österreichische Mittelstand, der von seinen Ersparnissen zu leben gezwungen war, ging fast völlig zugrunde.

Auch Poppers Vater, der weit über sechzig Jahre alt war, verlor in der galoppierenden Inflation nach dem Kriege all seine Ersparnisse. Die Familie war verarmt. Welche Wege standen da dem jungen, lernbegierigen Popper noch offen?

Im Winter 1919/20 verließ er die elterliche Wohnung, aus der er so gern seinen Blick durch die Jasomirgottstraße zum Stephansdom hatte schweifen lassen. Er wollte seinem Vater nicht länger zur Last fallen und *zog in das Grinzinger Barackenlager, den leerstehenden Teil eines ehemaligen Kriegslazaretts, das von Studenten in ein äußerst primitives Studentenheim umgewandelt worden war*[85]. Er hatte keine Matura, weil er gegen Ende 1918 aus der Mittelschule ausgetreten war. An der Wiener Universität besuchte er Vorlesungen in den verschiedensten Sachgebieten, die ihn interessierten: Geschichte, Literatur, Psychologie, Philosophie, auch etwas Medizin. *Bald gab ich jedoch den Besuch der meisten Vorlesungen auf, mit Ausnahme derer in Mathematik und theoretischer Physik. [...] Gleichzeitig begann ich, mich durch Kants «Kritik der reinen Vernunft» und durch seine «Prolegomena» hindurchzuarbeiten.*[86]

Er dachte nicht an eine berufliche Zukunft, sondern folgte seinem Wissensdrang. Es war nicht sein Ehrgeiz, Mathematiker, Physiker oder Philosoph zu werden. Mathematik studierte er, *einfach weil ich lernen wollte und glaubte, in der Mathematik etwas über Wahrheitssuche und Wahrheitskriterien zu erfahren, und auch, weil ich an theoretischer Physik interessiert war*[87]. An der Physik begeisterte ihn die Kühnheit der gedanklichen Konstruktionen, die seit Newton einen wissenschaftlichen Fortschritt ohnegleichen bedeuteten. Und in Kants theoretischer Philosophie fand er die dazu passenden Fragen und Antwortversuche: «Wie ist reine Mathematik möglich? Wie ist reine Naturwissenschaft möglich?» Popper griff Kants staunendes Fragen auf, und dessen Antwort wird seinem weiteren Nachdenken einen begehbaren Weg zeigen: die Gesetze der theoretischen Physik sind nicht von der Natur abgelesen oder aus ihr geschöpft, keine Ergebnisse einer experimentellen oder induktiven Methode, sondern Produkte einer aktiven schöpferischen Verstandestätigkeit, deren Freiheit durch die Natur in Grenzen gehalten wird. Diese Lektion wird Popper niemals vergessen. *Kant hatte recht,* wird er noch 1982 nachdrücklich betonen: *Unsere Theorien sind freie Schöpfungen unseres Verstandes. Und wir versuchen, sie der Natur vorzuschreiben.*[88] Sie sind unsere Erfindungen, kühne, nicht notwendigerweise erfolgreiche Vermutungen, aus denen wir uns eine Welt erschaffen, gleichsam *von uns gemachte Netze, mit denen wir die wirkliche Welt einzufangen versuchen*[89].

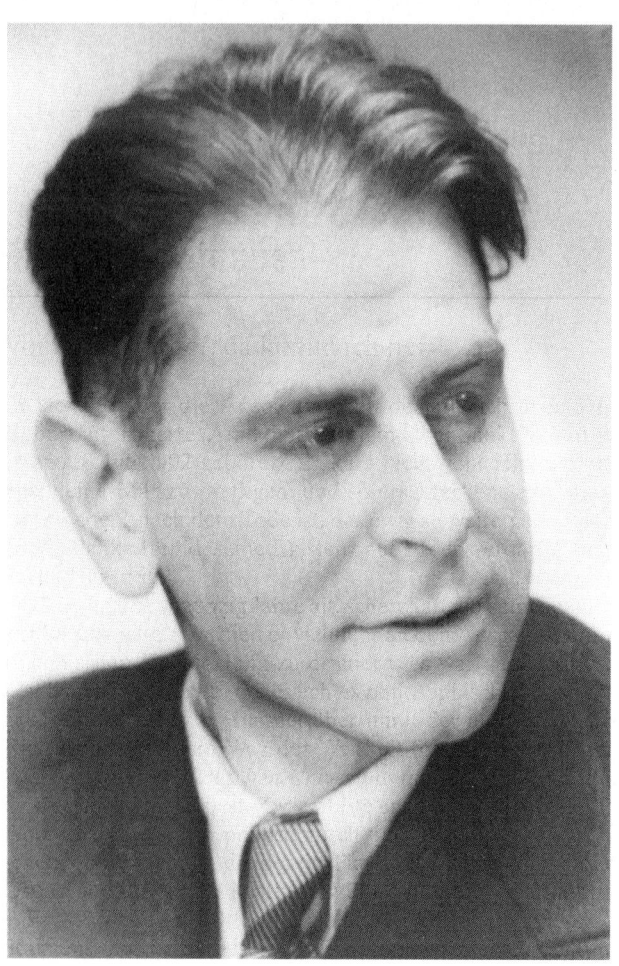

Karl Popper, 1922

Die Vorlesungen, die er hörte, und die Bücher, die er las, befriedigten zwar seine theoretische Neugier. Aber sie bestimmten nicht seine beruflichen Pläne. *Wenn ich an die Zukunft dachte, träumte ich davon, eines Tages eine Schule zu gründen, in der junge Menschen lernen könnten, ohne sich zu langweilen; in der sie angeregt würden, Probleme aufzuwerfen und zu diskutieren; eine Schule, in der sie nicht gezwungen wären, unverlangte Antworten auf ungestellte Fragen zu hören; in der man nicht studierte, um Prüfungen zu bestehen, sondern um etwas zu lernen.*[90]

Wie oft hatte er sich als Schüler gelangweilt und in der Mittelschule *Stunden und Stunden hoffnungsloser Qual*[91] durchlitten! Das sollte denen nicht widerfahren, die an seiner Schule lernen könnten. Die Idee, selbst eine Schule zu gründen, gab er allerdings bald wieder auf; aber nicht den Wunsch, Lehrer zu werden. Um ihn zu verwirklichen, gab es noch einiges zu tun.

1922 legte Popper seine Reifeprüfung als Privatschüler ab, *ein Jahr später, als wenn ich weiter die Schule besucht hätte. Aber das Experiment, allein zu lernen, war das eine Jahr, das ich verlor, wert gewesen.*[92] Jetzt konnte er sich auch als ordentlicher Universitätsstudent immatrikulieren. Zugleich begann er eine Lehrerbildungsanstalt zu besuchen, um die Berechtigung zu erwerben, an Volksschulen zu unterrichten.

Aber auch seine Liebe zur Musik kam in dieser Zeit nicht zu kurz. Eine Zeitlang – vom Herbst 1920 bis etwa 1922 – dachte er sogar daran, Musiker zu werden. Er komponierte ein wenig, orientiert an seinem großen Vorbild Bach, wurde Mitglied des «Vereins für musikalische Privataufführungen» und für etwa ein Jahr Schüler am Wiener Musikkonservatorium, Abteilung Kirchenmusik. Er war auf Grund einer Fuge aufgenommen worden, die er komponiert hatte. Doch bald kam er zu dem Schluß, daß er nicht hinreichend begabt war, um Berufsmusiker zu werden, und gab sein Musikstudium wieder auf.

Und neben all diesen interessanten Lektüren, universitären Studien, pädagogischen Übungen und musikalischen Liebhabereien gab es dann noch den Antrieb, «richtig» zu arbeiten und ein Handwerk zu lernen. Das hatte mehrere Gründe.

Die familiäre Armut hatte den Sohn aus gutbürgerlichem Hause schon gegen Ende des Krieges dazu gezwungen, allerhand Gelegenheitsarbeiten zu machen. In der Not der Nachkriegszeit war die Lage noch schwieriger geworden. Er verdiente recht wenig, und die Arbeit war zum Teil sehr schwer (Straßenbau). Popper mußte bald einsehen, daß ihm die körperliche Ausdauer fehlte, *die man brauchte, um tagelang Straßen, die hart wie Zement waren, mit Spitzhacken aufzugraben*[93]. (Da fiel ihm der Nachhilfeunterricht wesentlich leichter, den er amerikanischen Studenten gab, die ihn großzügig bezahlten.) Mit solchen Arbeiten hielt Popper sich finanziell über Wasser. *Ich brauchte sehr wenig: Es gab wenig zu essen, und ich rauchte und trank nicht.*[94]

Aber sein Arbeitswille war nicht nur der Not geschuldet. Er entsprach auch Poppers sozialem Engagement. Dem intelligenten und belesenen Mann aus aufgeklärt-liberalem Elternhaus war jene Haltung fremd, die viele seiner Standesgenossen zu individualistischen und eskapistischen Lebensformen verführte. Er wollte keiner der Bohemiens werden, die sich in poetischer Weltflucht und düsterem Kulturpessimismus einrichteten. Selbst sein Studium erschien ihm als ein unverdientes Privileg angesichts der allgemeinen gesellschaftlichen Not. Popper bewunderte die

Die Wiener Universität

Wiener Arbeiter und *die großartige Bewegung, die damals von der sozialdemokratischen Partei geführt wurde*[95] und in Wien ein gewaltiges soziales Aufbauwerk in Angriff genommen hatte. Obwohl er die marxistische Geschichtsphilosophie der sozialdemokratischen Führer für einen ideologischen Irrtum hielt, begeisterten ihn der soziale Aufbauwille und die lebenspraktische Energie der Arbeiterbewegung. Arbeiterbildungskurse, Volkshochschulen, Schulreform, Wohnungsreform – all diese Bestrebungen einer positiven Reformarbeit machten auf Popper einen tiefen Eindruck. Er wollte an ihnen teilnehmen und träumte von einem einfachen und freien Arbeitsleben in einer sozialen, demokratischen Gesellschaft.

Sein Entschluß, Arbeiter zu werden, war zudem motiviert durch eine politisch-moralische Überlegung. Popper wollte ein praktisches Handwerk lernen, um der intellektuellen Anmaßung etwas entgegenzusetzen, die ihn als Sozialist und Kommunist überwältigt hatte. Was wußte er denn wirklich vom Leben der Arbeiter, zu deren Avantgarde er sich um 1919 gezählt hatte? Während des Krieges hatte er zwar einige Monate in einer Fabrik gearbeitet. Aber das gab ihm doch kein Recht, sich als zukünftiger Führer der Arbeiterklasse aufzuspielen! *Ich habe mich gegen die Idee gesträubt, daß wir jungen Leute, wir zukünftigen Intellektuellen, die zukünftigen Führer der Arbeiterschaft sein sollen. Was waren wir denn schon, was haben wir denn gewußt, und was war denn die Grundlage für einen solchen Anspruch? Und so habe ich mich damals entschlossen – ein Entschluß, den ich dann aber nicht durchgeführt habe –, selbst körperliche Arbeit zu leisten und Arbeiter zu werden.*[96]

Er wurde zwar kein richtiger Arbeiter. Aber 1922 begann er, neben seinem ordentlichen Universitätsstudium das Tischlerhandwerk zu erlernen. Während er sich durch Kants theoretisches Werk hindurcharbeitete, lernte er Tische, Stühle, Schränke und Regale herzustellen. Sein Meister hieß Adalbert Pösch, sah Georges Clemenceau zum Verwechseln ähnlich und war ein sanfter und gutmütiger Mann. Sein Schatz an Wissen schien wahrhaft unerschöpflich, und oft verblüffte er seinen Lehrling mit überraschenden Überlegungen. *Einmal erzählte er mir, daß er viele Jahre lang an verschiedenen Modellen für ein Perpetuum mobile gearbeitet habe. Nachdenklich setzte er hinzu: «Da sag'n's, daß ma' so was net mach'n kann; aber wann amal eina ein's g'macht hat, dann wer'n s' schon anders red'n!»*

In seiner Autobiographie hat Popper diesem Tischlermeister einen liebenswürdigen Dank ausgesprochen. Denn von diesem Handwerker wurde ihm nicht nur die Technik des Tischlerns, sondern zugleich jene wahrhaft philosophische Haltung vermittelt, für die einst Sokrates, Poppers Lieblingsphilosoph, mit seinem Leben eingestanden hatte. *Ich vermute, daß ich über Erkenntnistheorie mehr von meinem lieben, allwissenden Meister Pösch gelernt habe als von irgendeinem anderen meiner Lehrer. Keiner hat so viel dazu beigetragen, mich zu einem Jünger von Sokrates zu machen. Denn mein Meister lehrte mich nicht nur, daß ich nichts wußte, sondern auch, daß die einzige Weisheit, die zu erwerben ich hoffen konnte, das sokratische Wissen von der Unendlichkeit meines Nichtwissens war.*[97]

1924, als Popper an der Lehrerbildungsanstalt seine zweite Matura erhielt, legte er auch seine Gesellenprüfung ab. Er hatte nun einen Gesellenbrief als Tischler und ein Diplom, an Grundschulen unterrichten zu können. Aber es waren keine Lehrerstellen frei; und um die heikle Arbeit eines guten Tischlers auszuführen, hielt Popper sich für zu unwissend und zu fehlbar. *So entschloß ich mich, nach Beendigung meiner Lehrzeit den Versuch zu machen, eine Beschäftigung zu finden, die etwas leichter war als die Arbeit an Mahagoni-Schreibtischen.*[98]

Am Pädagogischen Institut

Ein Jahr lang arbeitete er wieder als Erzieher mit sozial gefährdeten Kindern. Da wurde 1925 eine neue Einrichtung in Wien gegründet: das «Pädagogische Institut». Es war Teil der sozialdemokratisch gelenkten Schulreformbewegung, die seit 1919 gegen die überkommene Drill- und Lernschule einen «lebensnahen» Unterricht anstrebte, an dem die Schüler selbsttätig mitarbeiten konnten. Zweck des neuen Instituts, das zwar autonom, aber mit der Wiener Universität eng verbunden war, sollte es sein, *die damals im Gange befindliche Reform der Grund- und Hauptschulen in Wien zu fördern und zu unterstützen*[99]. Popper zählte zu den Studenten des ersten Jahrgangs. Er gab seine Anstellung als Fürsorgearbeiter auf und konzentrierte sich aufs Studieren, Lesen und Schreiben. Er erhielt weder Arbeitslosenhilfe noch irgendein anderes Einkommen, sondern lebte von gelegentlichen Unterrichtsstunden für amerikanische Studenten. Doch sein schulreformerisches Engagement entschädigte ihn für die vielen Entbehrungen. Er war ein *begeisterter Schulreformer*[100].

Es waren allerdings nicht die neuen Erziehungstheorien (unter anderem von John Dewey und Georg Kerschensteiner), die ihn überzeugten. Seine praktischen Erfahrungen mit sozial gefährdeten Kindern ließen ihn skeptisch sein gegenüber allzu typisierenden pädagogischen Programmen und psychologischen Modellen. Begeistert war er vielmehr von der Praxis der Schulreform: statt Schüler zu drillen, religiös abzurichten und auf autoritäre Art mit einem lebensfernen Lehrstoff vollzustopfen, sollte ihnen die Möglichkeit geboten werden, aktiv am Unterricht mitzuwirken, Wissen «selbsttätig» zu erarbeiten und Fragen eigenständig zu durchdenken. Werkunterricht wurde eingeführt, um auch praktisch-manuelle Fähigkeiten entwickeln zu können; integrierter Gesamtunterricht verdrängte die übertriebene Schubfachmethode unzusammenhängender Unterrichtsfächer; die religiös-konfessionelle Ausrichtung der traditionellen Bekenntnisschule wurde abgelöst durch den weltlichen Geist einer interkonfessionellen Schule, die sich dem Einfluß der katholischen Kirche entzog.

Diese Schulreform, die vor allem durch den sozialdemokratischen Erziehungsminister Otto Glöckel seit 1919 politisch unterstützt wurde, mobilisierte den erbitterten Widerstand der Konservativen. Für die Christlich-Soziale Partei und ihr nahestehende katholische Erziehungs- und Schulorganisationen stellte das Programm der «verrückten Schulreformer» nur eine subversive und schulbolschewistische Strategie dar, um die sittlich-religiöse Erziehung «zum Schaden des ganzen Volkes langsam, aber sicher abzubauen».[101] In einem heftigen schulpolitischen Kampf um die Frage «Weltanschauung und Volksschule» wurde ab 1925 die sozialdemokratische Reformbewegung in ganz Österreich zurückgedrängt.

Otto Glöckel

Nur noch im «roten Wien», wo Glöckel als Präsident des Stadtschulrates tätig war, konnte sie sich weiter behaupten. Zu ihrer Unterstützung sollte auch das «Pädagogische Institut» beitragen. Es wurde zu einem der wichtigsten Heiligtümer im «pädagogischen Mekka» Wien, «das die neuen Pilger der modernen Schule aufsuchen müssen, wenn sie die Verwirklichung ihrer Träume und Hoffnungen sehen wollen».[102]

Hier also arbeitete und studierte der Tischlergeselle und junge Lehrer Popper als begeisterter Schulreformer. Es überrascht nicht, daß wesentliche Elemente seiner Philosophie, die er in diesen bewegten Lehr- und Studienjahren entwickelte, in engster Nähe zur Praxis der Schulreform standen.

Das läßt sich bereits an seiner ersten Veröffentlichung ablesen. 1925 schrieb er für die Zeitschrift «Schulreform» eine pädagogische Abhandlung über *Die Stellung des Lehrers zu Schule und Schüler*. Emphatisch, aber doch äußerst klar entwickelt, plädierte er in dieser kurzen theoretischen Skizze für einen radikalen, verantwortungsbewußten Individualismus: auch wenn es sich nicht vermeiden läßt, daß in einer schulisch-institutionellen Perspektive sowohl Lehrer als auch Schüler als «Typen»

PÄDAGOGISCHE ABHANDLUNGEN.

Über die Stellung des Lehrers zu Schule und Schüler.
Von Karl Popper, Wien.

Gesellschaftliche oder individualistische Erziehung?

Der Streit zwischen den Vertretern einer gesellschaftlich orientierten Erziehungsmethode und denen einer individualistisch orientierten muß in letzter Linie immer zu der Frage führen:

Ist der Einzelne für die Gesellschaft da oder die Gesellschaft für den Einzelnen?[1])

Die vorliegende theoretische Skizze versucht einen Standpunkt zu präzisieren, der diese für die Pädagogik unfruchtbare Fragestellung ausschließt und dazu führt, den Lehrer hinsichtlich seiner Stellung zum Schüler vor eine reale Alternative zu stellen. Sie versucht weiter, eine Lösung zu geben, die im Einklang steht mit der Forderung, daß die Erziehung lebensnah sein soll; eine Forderung, die eine der grundlegenden Ideen der Schulreform ist.

Bevor wir auf die Entwicklung dieses Standpunktes eingehen können, müssen wir das Verhältnis zweier Begriffe untersuchen, die für ihn wesentlich sind: der Begriff Individualität und Typus.

Jedes Einzelwesen, in seiner Einzigartigkeit gesehen, ist eine Individualität.

Dem Begriff des Einzigartigen steht der Begriff des Typischen als konträrer Gegensatz gegenüber:

Das Typische sehen wir in einem Einzelwesen, wenn wir dieses von einem gegebenen, allgemeinen Gesichtspunkte aus betrachten; daher ändert sich das Typische mit jedem Wechsel des Gesichtspunktes.[2])

Mit dieser Überlegung erscheint es ausgeschlossen, daß eine Psychologie, Soziologie oder überhaupt irgend eine Wissenschaft sich mit der Individualität befassen kann; denn eine Wissenschaft ohne allgemeinen Gesichtspunkt ist unmöglich.

Wir können somit den Satz aufstellen:

Ein Einzelwesen, gesehen als Individualität, und ein Einzelwesen, gesehen als Typus, sind Ergebnisse gegensätzlicher Anschauungsformen.[3])

---

[1]) Trotz Betonung der gegenseitigen Bedingtheit von Individuum und Gesellschaft klingt dieses Scheinproblem bei der Begründung des Erziehungszieles in mannigfacher Form immer wieder mit. Auch für Natorp, der die gegenseitige Bedingtheit wohl am stärksten betont: „Der Mensch wird zum Menschen allein durch menschliche Gemeinschaft" (Sozialpädagogik, S. 84), ist eine „logische Prävalenz" der Gattung gegenüber dem Individuum (Philosophie und Pädagogik, S. 179) grundlegend.

[2]) Zum Beispiel, wenn an Stelle des Gesichtspunktes der Schulhygiene der der Berufsberatung tritt.

[3]) Der Begriff der Individualität erscheint somit auch von Begriffen wie „Persönlichkeit" (Gaudig, William Stern) und „Charakter" (Kerschensteiner) getrennt; diese wären nicht nur als Anschauungsform, sondern vor allem inhaltlich zu bestimmen, was schon daraus hervorgeht, daß sie eine Wertung enthalten.

gesehen werden müssen, so besteht die geforderte pädagogische Verantwortung doch darin, jedes Einzelwesen in seiner einzigartigen Individualität anzuerkennen. *Es muß die grundlegende Stellungnahme des Erziehers zum Zögling sein, ihn als eine Individualität anzusehen. [...] Wenn die Forderung, daß die Erziehung lebensnah sein soll, auch für das Verhältnis zwischen Lehrer und Schüler gilt, so darf der Lehrer den Schüler grundsätzlich nicht von einem allgemeinen Gesichtspunkt aus betrachten, sondern muß dem lebendigen Menschen als lebendiger Mensch gegenüberstehen.*[103]

Nur wenn der Lehrer diese Forderung erfüllt, entscheidet er sich für die Schulreform und steht im Einklang mit der Idee, *daß die Erziehung lebensnah sein soll*[104]. Es ist ihm damit zugleich jede autoritäre Anmaßung verwehrt. So sehr er als einzelner danach trachten soll, die Individualität des Schülers lebendig zu erfassen, so sehr wird er sich auch *für seine Person niemals die Autorität der Schule anmaßen dürfen. [...] So kann die Schule aufhören, eine Schranke zwischen Lehrer und Schüler zu sein, kann sie der gemeinsame Boden für gemeinschaftliche Arbeit von Lehrer und Schüler werden.*[105] Auch viele Jahre später, als Professor an der London School of Economics (1946–1969), wird Popper diesem Ethos zu folgen suchen. *Meine Kollegen in meinem Department und ich haben niemals autoritär oder dogmatisch gelehrt. Unsere Studenten wurden [...] nie von oben herab behandelt.*[106]

Aber die Zeit am Pädagogischen Institut war nicht nur für Poppers weitere berufliche Entwicklung relevant. Auch *in persönlicher und geistiger Hinsicht waren die Jahre am Institut für mich höchst bedeutsam, weil ich dort meine Frau kennenlernte*[107]. Josefine Anna Henninger, mit der er bis zu ihrem Tode im Jahre 1985 zusammenblieb, war eine seiner Kolleginnen. Ihr Vater war Volksschullehrer in Speising, an der Stadtgrenze Wiens, und auch sie arbeitete engagiert und sehr erfolgreich als Lehrerin. Wiederholt hat Popper ihr später seinen großen Dank ausgesprochen und ihr wichtige Werke gewidmet. Einige seiner Arbeiten wären ohne ihre Unterstützung nicht zustande gekommen. Sie war eine ungeheure Hilfe für ihn, nicht nur, weil sie oft das nötige Geld verdiente oder die handgeschriebenen Manuskripte Poppers, den sie 1930 heiratete, wieder und wieder abgetippt hat. *Es ist mir nie gelungen, etwas zustande zu bringen, wenn ich selbst die Schreibmaschine benütze – ich pflege zu viele Verbesserungen zu machen.*[108] Allein das umfangreiche Manuskript der *Offenen Gesellschaft* soll sie fünfmal abgetippt haben, mit vielen Durchschlägen auf einer mechanischen Schreibmaschine.

«Hennie» sollte *auch einer der strengsten Beurteiler meiner Arbeit werden. Ihr Anteil an meiner Arbeit war seither mindestens so aufreibend wie meiner.*[109] Sie besaß ein ausgezeichnetes Urteilsvermögen, forderte gedankliche Klarheit und legte höchsten Wert auf eine möglichst deutliche Ausdrucksweise ihres Gatten. Auch wenn sie öffentlich in seinem Schat-

Josefine Anna Henninger, die 1930 Poppers Frau wurde

ten stand und für seine Bücher große Opfer gebracht hat – *größere Opfer, als ich hätte annehmen sollen und als sie bessere Bücher gerechtfertigt hätten*[110] –, so spornte sie ihren berühmten Mann doch oft genug auf jene hilfreiche Art an, die ihn selbst in schwierigsten Lebenssituationen und großen intellektuellen Krisen nicht verzweifeln ließ.

Der Mensch ist kein Kübel

Von meinen Lehrern am Pädagogischen Institut lernte ich sehr wenig, viel aber lernte ich von Karl Bühler.[111] Das war kein Zufall. Denn Bühlers psychologische Theorie bot dem begeisterten Schulreformer ein tragfähiges Fundament, auf dem er sein eigenes Denkgebäude weiterbauen konnte.

Karl Bühlers (1879–1969) Karriere hatte 1906 in Würzburg begonnen, wo er Mitarbeiter, Assistent und Freund von Oswald Külpe gewesen war. Ihm folgte er 1909 nach Bonn, 1913 dann nach München. Zusammen mit Kurt Koffka, Max Wertheimer und Wolfgang Köhler begründete Bühler eine neue psychologische Schule: die «Gestaltpsychologie». An die Stelle eines psychologischen Elementarismus, der die Leistung der menschlichen Psyche wesentlich im assoziierenden Verknüpfen sinnlicher Erfahrungsdaten sah, trat eine ganzheitliche Psychologie, welche die Erfindungskraft, schöpferische Spontaneität und organisierende Tätigkeit des menschlichen Intellekts in den Mittelpunkt stellte. Zwar kann auch der Mensch nicht ohne instinkthaft festgelegtes Reflexverhalten überleben; und vieles, was er lernen muß, wird ihm anfänglich durch Dressur vermittelt. Aber von den Mechanismen des Instinkts und der Dressur, die bei Tieren vorherrschen, löst sich der Mensch in seiner geistigen Entwicklung. Er läuft nicht in stets neuen Situationen hin und her wie ein Huhn am Gartenzaun, bis es durch Zufall an ein Loch gerät, «sondern macht Erfindungen durch Überlegung und Einsicht. Erfinden im echten Sinne des Wortes, das ist die biologische Leistung des Intellekts.»[112] Bereits in seinem ersten großen und einflußreichen Werk über «Die geistige Entwicklung des Kindes» hatte Bühler 1918 diesen Gedanken entwickelt und gegen jede assoziationspsychologische Dressurtheorie ins Feld geführt. Von den ersten Wahrnehmungen des Kindes über die Entwicklung des Sprechens und Zeichnens bis hin zur phantasievollen Vorstellungstätigkeit und geistigen Denkfähigkeit: immer sind gestaltende Kräfte am Werk, die den Wahrnehmungsstoff und seine Kontinuitätsverkittungen transzendieren.

Glöckel und seine Schulreformer lockten 1922 Bühler und dessen Frau Charlotte nach Wien. «Die ganze innere Schulreform ist wesentlich auf die Ergebnisse der psychologischen Forschung der Kinderseele aufgebaut»[113], schrieb Glöckel bereits wenige Monate nach Ankunft Bühlers, dessen Seminare und Vorlesungen an der Wiener Universität dann auch von den Studenten des Pädagogischen Instituts besucht wurden. Hier erhielten sie das theoretische Rüstzeug, das sie für ihren Kampf gegen die Drill- und Lernschule benötigten.

Auch Popper zählte zu Bühlers begeisterten Hörern. Er besuchte seine Hauptvorlesung über «Allgemeine Psychologie», die als gesellschaftliches Ereignis galt, und nahm an mehreren seiner Seminare teil. Er las seine Bücher, «Die geistige Entwicklung des Kindes» (1918), «Die Krise

Karl Bühler

der Psychologie» (1926), später dann auch seine «Sprachtheorie» (1934). Hier fand er, was er als Schulreformer suchte: die Auffassung des lernenden Schulkindes als ein aktives, soziales Wesen, dessen Bewußtsein nicht durch die Gesetze einer Assoziationsmechanik beherrscht wird, sondern durch die Kraft intellektueller Operationen und kritischer Urteilsfähigkeit. Bühler vermittelte Popper die psychologische Einsicht, daß es so etwas wie passive Erfahrung nicht gibt, *weder passiv uns eingeprägte Ideen noch passiv geformte Assoziationen. Erfahrung ist das Resultat einer aktiven Forschungstätigkeit des Organismus.*[114]

Der Mensch ist keine Induktionsmaschine, die irgendwelche vereinzelten rohen Erfahrungsdaten sammelt und, nach assoziativen Gesetzmäßigkeiten, verallgemeinert. Er ist kein Gewohnheitstier, das ein «asso-

Charlotte Bühler

ziatives Gedächtnis» entwickelt, weil ihm immer wieder ähnliche Stoffe eingetrichtert werden.

1927 schloß Popper sein Studium am Pädagogischen Institut mit einer Hausarbeit über «*Gewohnheit*» *und* «*Gesetzerlebnis*» *in der Erziehung* ab, in der er scharf gegen David Humes Idee argumentierte, daß die Gewohnheit lediglich das passiv erworbene Ergebnis einer repetitiven Verknüpfung singulärer Sinneseindrücke ist. Seine Arbeit am Induktionsproblem, die er um 1923 begonnen hatte, fand damit einen ersten Abschluß. *Ich glaube ein wichtiges philosophisches Problem gelöst zu haben: das Induktionsproblem. (Ich muß die Lösung etwa 1927 gefunden haben.)*[115]

Ein Jahr später legte er an der Wiener Universität seine Dissertation *Zur Methodenfrage der Denkpsychologie* vor, orientiert an Bühlers Psy-

Karl und Josefine Popper zu Besuch bei seinen Eltern, 1930

chologie. Sie war zwar nur *eine flüchtige, in letzter Minute abgeschlossene Angelegenheit*, mit der er selbst *sehr unzufrieden*[116] war. Aber sie war doch insofern wichtig, als er damit einen entscheidenden Schritt von der Psychologie hin zur Methodologie der Forschung unternahm und aus seiner langjährigen Beschäftigung mit der Lerntheorie zum ersten Mal wissenschaftslogische Konsequenzen zog. Seine mündlichen Prüfungen – in Musikgeschichte, Psychologie (bei Bühler) und Philosophie (bei Moritz Schlick) – bestand er einstimmig «mit Auszeichnung». Er war jetzt Doktor der Philosophie.

Und 1930, nachdem er auch noch die Befähigung zum Lehramt in Mathematik und Physik an Hauptschulen erworben hatte, wurde er endlich als Lehrer fest angestellt. Seine Lehr- und Studienjahre waren nun vorbei, er verdiente ein wenig Geld und konnte seine Hennie heiraten.

Er hatte noch immer keinen anderen Ehrgeiz, als Schulkinder zu unterrichten. Wie sehr auch seine theoretischen Einsichten zu dieser Zeit noch schulbezogen blieben, läßt sich an einem Aufsatz ablesen, den er 1931 für «Die Quelle», eine Zeitschrift der Schulreformer, schrieb. Noch einmal ergriff er Partei im Kampf zwischen Lernschule und Arbeitsschule und lieferte den Progressiven lernpsychologische Argumente gegen den frontalen Angriff der reaktionären Verfechter einer reinen Lernschule, die vom «Stoffprinzip» beherrscht war und ihr Ziel im Eintrichtern eines möglichst großen Wissensstoffes sah. Denn deren Schwäche bestand, wie Dr. Karl Popper, Hauptschullehrer in Wien, nachwies, wesentlich darin, *daß ihre psychologischen Voraussetzungen falsch sind. Für die Lernschule ist das Gedächtnis nichts anderes als ein Stoffbehälter, eine Art Zuber für den Wissensstoff. Dieser Zuber hat an sich eigentlich fast gar keine Eigenschaften. Ihn sich leer vorzustellen, hat keinen Sinn. Sein Wesen erschöpft sich eben darin, Stoff aufzunehmen und aufzubewahren.*[117] Aber das menschliche Bewußtsein ist kein Kübel, wußte der Streiter für die Arbeitsschule zu entgegnen. Ihm ging es darum, eine arbeitspädagogische Begründung für ein «judiziöses Gedächtnis» zu liefern, ein kreatives Orientierungs- und Urteilsvermögen, das durch keine Assoziationsmechanismen determiniert, sondern durch ein aktives «Kraftprinzip» gelenkt wird, das als solches das Lernen des Lernens steuert.

Das Interesse der Kinder für das Problem des Lernens, für ein bewußtes, planvolles, aktives Lernverfahren zu entwickeln – nur die Arbeitsschule kann das. Sie wird es auch![118] Bis 1935, als er den Schulunterricht aufgab, hat Popper dazu seinen Teil beigetragen. – Aber selbst als Achtzigjähriger wird er noch gegen die alte Kübel-Theorie des menschlichen Geistes wettern. *Unser Kopf ist ein Kübel. Er hat Löcher, und bei den Löchern fließt die Information von der Welt hinein. Das ist die Grundtheorie der Pädagogik. Die Trichtertheorie ist dann die Theorie des Lernprozesses. Der Kübel bekommt noch extra einen Trichter aufgesetzt, und dort gießt man dann das Wissen hinein. Das ist die übliche Theorie. [...] Ungefragte Antworten und unbeantwortete Fragen. Darin besteht im wesentlichen unsere Pädagogik. Es ist aber so, daß alle Organismen, nicht nur der Mensch, sondern alle Organismen, dauernd an die Welt Fragen stellen und dauernd Probleme zu lösen versuchen.*[119]

Die Eltern

Logik der Forschung 1934

Die beiden Grundprobleme
der Erkenntnistheorie

Noch zu Beginn der dreißiger Jahre dachte Popper nicht daran, Philosoph zu werden. Er arbeitete, zusammen mit seiner Frau, als Hauptschullehrer. Die sozialdemokratische Wohnungspolitik in Wien ermöglichte es ihnen, mit dem spärlichen Gehalt, das sie verdienten, notdürftig auszukommen. Die Miete war niedrig, und sie lebten äußerst sparsam.

Aber diese berufliche Arbeit erschöpfte nicht Poppers intellektuelle Neugier, die sich während der zwanziger Jahre vordringlich auf zwei Probleme konzentriert hatte, für die er originelle Lösungen gefunden zu haben glaubte.

Seine kritische Lektüre physikalischer, psychologischer, historischer, politischer und philosophischer Texte hatte ihn schon als Schüler und jungen Studenten auf das Problem gelenkt, wie sich wissenschaftliches Theoretisieren von metaphysischen, vor- und pseudowissenschaftlichen Denkweisen abgrenzen läßt. Für dieses «Abgrenzungsproblem» hatte er bereits um 1920 eine Lösung entwickelt, die auf den Gegensatz zwischen Dogmatismus und Kritik abzielte: jede Erfahrungswissenschaft geht das Risiko ihres Scheiterns ein und unterwirft sich einer kontrollierten Nachprüfung, durch deren Ergebnisse sie widerlegt werden kann.

Im Zusammenhang seiner lerntheoretischen Überlegungen war er mit dem «Induktionsproblem» konfrontiert worden, das er zunächst als psychologische Frage nach dem Zustandekommen unserer Erkenntnisse formulierte und um 1927 mit einer einfachen Entdeckung gelöst zu haben glaubte: unser Geist ist kein Zuber, der induktivistisch durch Stoffwiederholungen vollgefüllt wird; wir sind aktiv und erfinderisch, auch wenn unsere schöpferische Kraft durch Erfahrungen in Zaum gehalten wird.

Jahrelang wohnten die beiden Probleme, das Abgrenzungsproblem und das Induktionsproblem, in zwei sozusagen wasserdichten Gehäusen meines Denkens.[120] Popper sah Anfang der dreißiger Jahre weder den engen Zusammenhang dieser Probleme, auch wenn er bereits wußte, daß beide irgendwie mit der Unterscheidung zwischen dogmatischem und kriti-

Heinrich Gomperz.
Kohlezeichnung von
Egon Schiele, 1918

schem Denken zusammenhingen, noch hielt er seine Lösungen für philosophisch besonders relevant. Sein Denken war ebenfalls wasserdicht gegenüber der zeitgenössischen Berufsphilosophie.

Es war gewissen äußeren Umständen zuzuschreiben, daß der engagierte Hauptschullehrer Philosoph geworden ist. Seine innere Denkbewegung brauchte externe Anstöße, um sich ihrer philosophischen Qualität bewußt zu werden. Dabei spielte sein Zusammentreffen mit Mitgliedern des «Wiener Kreises der wissenschaftlichen Weltauffassung»[121] die entscheidende Rolle. Im Umfeld dieses Kreises, der sich seit 1924 um Moritz Schlick gebildet hatte, wurde Popper zum philosophischen Schriftsteller.

Bereits 1922 hatte er mathematische Vorlesungen bei Hans Hahn, einem der Initiatoren des Kreises, besucht und war durch dessen Klarheit tief beeindruckt. Auch bei Kurt Reidemeister hatte er studiert, der als einer der ersten die philosophische Bedeutung von Ludwig Wittgensteins «Tractatus logico-philosophicus» erkannt und darüber ein Seminar veranstaltet hatte. Moritz Schlick, der philosophische Doyen des

Wiener Kreises, war Poppers philosophischer Lehrer gewesen und hatte ihm 1928 die Doktorprüfung in Philosophie abgenommen. *Ich hatte von dem Kreis zuerst 1926 oder 1927 gehört, durch einen Zeitungsartikel von Otto Neurath und etwas später dann durch einen Vortrag, den Neurath in einer sozialdemokratischen Jugendgruppe hielt. (Das war die einzige Parteiversammlung, an der ich jemals teilgenommen habe; ich tat es, weil ich Neurath seit 1919 oder 1920 ein wenig kannte.)*[122] Popper las die programmatischen Schriften des Kreises. Er besuchte (um 1928) Seminare bei Rudolf Carnap, dem logischen Wortführer des Kreises, und studierte, gleich nach deren Erscheinen, seine Bücher: «Der logische Aufbau der Welt» (1928), «Scheinprobleme in der Philosophie» (1928), «Abriß der Logistik» (1929). Durch Vermittlung von Heinrich Gomperz wurde er mit Victor Kraft bekannt, dessen Buch «Die Grundformen der wissenschaftlichen Methoden» 1925 erschienen war. *Dieses Buch enthielt eine sehr brauchbare Darstellung verschiedener Methoden, die tatsächlich in der Wissenschaft verwendet werden, und es zeigte, daß zumindest einige dieser Methoden nicht induktiv sind, sondern deduktiv: hypothetisch-deduktiv.*[123] Er hatte auch Friedrich Waismann kennengelernt, der, an Wittgenstein und Schlick orientiert, sich auf die Suche nach einem Sinnkriterium empirischer Wissenschaft gemacht hatte.

Herbert Feigl

Am wichtigsten aber war für Popper sein Zusammentreffen mit Herbert Feigl, das durch seinen Onkel Walter Schiff herbeigeführt worden war. *Es war eine Begegnung, die für mein ganzes Leben entscheidend wurde.*[124] Denn der gleichaltrige Feigl, Schlicks Lieblingsschüler, ermutigte ihn, 1929 oder 1930, zu einem Unternehmen, das Poppers weiteres Leben bestimmen sollte. In einem ersten langen Gespräch, das eine ganze Nacht dauerte, regte er ihn an, ein philosophisches Buch zu schreiben. Er hatte das philosophische Talent seines Gesprächspartners erkannt, der nur Lehrer sein wollte, und hielt seine Ideen für geradezu revolutionär. Hier war jemand, der für die Probleme, die den Wiener Kreis beschäftigten, ernstzunehmende Lösungen anbot, auch wenn sie den eigenen Überlegungen noch so sehr widersprachen.

Es war mir nie eingefallen, ein Buch zu schreiben. Ich hatte meine Ideen aus reinem Interesse an den Problemen entwickelt und dann einige davon für mich niedergeschrieben, weil ich fand, daß das nicht nur zur Klarheit beitrug, sondern für die Selbstkritik notwendig war. [...] Ich glaube, daß ich ohne die Ermutigung durch Herbert Feigl wahrscheinlich nie ein Buch geschrieben hätte. Die Idee, ein Buch zu schreiben und es zu veröffentlichen, entsprach nicht meinem Lebensstil und auch nicht meiner Einstellung zu mir selbst. Mir fehlte das Vertrauen, daß das, was mich interessierte, für andere von hinreichendem Interesse sein würde.[125]

1930, als er endlich als Hauptschullehrer angestellt worden war, begann Popper mit der Niederschrift seiner Überlegungen. Zunächst fand er keine allzu große Unterstützung. Gomperz entmutigte ihn durch seinen desillusionierenden Hinweis, daß philosophische Bücher nur eine sehr geringe Chance hätten, veröffentlicht zu werden; sein alter Vater riet ab, weil er fürchtete, sein Sohn könnte Journalist werden; und seine Frau war gegen die Idee, *weil sie wollte, daß ich meine Freizeit verwende, um mit ihr skifahren und bergsteigen zu gehen – die Dinge, die uns beide am meisten freuten*[126]. Aber seine aufregende Begegnung mit Feigl hatte einen Stachel hinterlassen, den er nicht mehr los wurde. Er war davon überzeugt worden, daß seine Gedanken von allgemeinem Interesse waren. Der begeisterte Schulreformer, der nebenbei auch einige Artikel und Buchrezensionen für «Die Quelle» schrieb, machte sich an sein erstes großes Werk. Drei Jahre lang schrieb er an seinem Manuskript über *Die beiden Grundprobleme der Erkenntnistheorie*, das wuchs und wuchs und schließlich vermutlich mehr als 1200 maschinengeschriebene Seiten umfaßte, die seine Frau in ihrer Freizeit abtippen mußte. (Kein Wunder, daß er ihr das Buch widmete, das erst 1979, auf der Grundlage noch erhaltener Manuskriptteile, von Troels Eggers Hansen herausgegeben wurde. *Sie hat große Opfer für das Buch gebracht.*[127])

Zwei Fragen bildeten die Brennpunkte dieser schriftstellerischen Herausforderung, der sich Popper nun in einer rein «erkenntnistheoretischen» Perspektive stellte, befreit von psychologischen Tatsachenfragen.

Es ging ihm jetzt nicht mehr um eine Beantwortung der Frage, wie unser Wissen tatsächlich zustande kommt, sondern um Fragen nach seiner Begründung, nach seiner Rechtfertigung, nach seiner Geltung. Mit welchem Recht können allgemeine Sätze, zum Beispiel Naturgesetze, formuliert werden, wenn wir doch immer nur bestimmte Ereignisse und immer nur eine bestimmte Anzahl von Ereignissen beobachten können (das «Humesche Problem» der Induktion)? Und wie kann man im Zweifelsfall entscheiden, ob man einen wissenschaftlichen Satz vor sich hat oder «nur» eine metaphysische Behauptung (das «Kantsche Problem» der Grenzen wissenschaftlicher Erkenntnis)?

Die beiden Grundprobleme der Erkenntnistheorie gab auf diese beiden Fragen eine zusammenhängende Antwort. Jetzt endlich war Popper, bei der Niederschrift seiner Gedanken, ein Licht aufgegangen. Seine früheren Lösungsversuche fügten sich glänzend zusammen. Ihre erkenntnistheoretische Engführung war verblüffend und revolutionär, indem sie einfach die Voraussetzungen aufhob, welche die scheinbare Unlösbarkeit der beiden Probleme implizierten.

Das Problem der Induktion löste Popper, Hume folgend, auf radikalste Weise: *Die Lösung ist, daß es keine Induktion gibt, weil allgemeine Theorien nicht aus singulären Sätzen ableitbar sind*[128]; es gibt kein Induktionsprinzip, das, wenn es wahr wäre, induktive Schlüsse gültig machen würde; es gibt keine logisch zwingende Möglichkeit, Naturgesetze (Theorien) mittels induktiver Beweisführung zu verifizieren. Statt dessen besteht immer nur die Möglichkeit, sie als hypothetische Vermutungen zu formulieren, die durch einzelne Falsifikationsversuche methodisch überprüft und empirisch widerlegt werden können. Gerade diese risikofreudige Überprüfbarkeit aber ist es ja, welche uns die wissenschaftliche Erkenntnis von allen metaphysischen Spekulationen und vor- oder unwissenschaftlichen Denkweisen abgrenzen läßt. Die Methode der Wissenschaft kann also nur «kritisch» sein, eine Methode der Vermutungen und Widerlegungen. *Es ist die Methode, kühne Hypothesen aufzustellen und sie der schärfsten Kritik auszusetzen, um herauszufinden, wo wir uns geirrt haben.*[129]

Ich konnte also auf die Induktion verzichten, ohne mit der Abgrenzung in Schwierigkeiten zu kommen. […] Meine Auffassung implizierte, daß wissenschaftliche Theorien, es sei denn, daß sie falsifiziert werden, für immer Hypothesen oder Vermutungen bleiben müssen. Auf diese Weise klärte sich das ganze Problem der wissenschaftlichen Methode wie von selbst, und damit auch das Problem des wissenschaftlichen Fortschritts.[130]

Im Widerstreit mit dem Wiener Kreis

Popper hatte sein Manuskript von Anfang an als eine kritische Diskussion und Korrektur zentraler Ideen des Wiener Kreises konzipiert. Den ersten Teil über das Induktionsproblem hatte er zu Beginn des Jahres 1932 abgeschlossen. Zunächst gab er den Text Feigl und Carnap zu lesen. Er nahm ihn mit in die Ferien, welche die drei Freunde im Sommer 1932 zusammen mit ihren Frauen in den wunderschönen Tiroler Bergen verbrachten. Gemeinsam kletterten sie die steilen Hügel des Ötztals empor, durch ein fast undurchdringliches Dickicht alpiner Rhododendrons, und diskutierten die erkenntnistheoretischen Fragen, auf die sie Antworten suchten.[131]

Das ganze Manuskript (dessen zweiter Teil als verloren angesehen werden muß) wurde dann auch von Philipp Frank, Schlick, Hahn, Neurath und anderen Mitgliedern des Wiener Kreises gelesen. Viele begrüßten es «als einen äußerst originellen Beitrag zu vielen Streitfragen eines gemeinsamen Unternehmens»[132]. Aber nicht alle waren davon begeistert. Besonders Schlick, dem es damals – unter dem Einfluß Wittgensteins – vordringlich um «Sinn» und «Verifikation» ging, sah in Poppers Akzentuierung von «Abgrenzung» und «Falsifikation» eine Provokation seiner eigenen Grundüberzeugungen. Doch er erklärte sich schließlich, wenngleich widerstrebend, dennoch bereit, das Manuskript zur Veröffentlichung in die Reihe «Schriften zur wissenschaftlichen Weltauffassung» aufzunehmen, die er zusammen mit Frank herausgab.

Um diese Publikation zu ermöglichen, mußte Popper den Text auf einen Bruchteil des ursprünglichen Umfangs reduzieren. Der Verlag Julius Springer beharrte auf einem maximalen Umfang von 240 Seiten. Die notwendigen drastischen Kürzungen fielen Popper nicht leicht. Zwar gelang es ihm ohne weiteres, in einem Brief an die beiden Herausgeber (der 1933 in der Zeitschrift «Erkenntnis» publiziert wurde[133]) seine Grundgedanken kurz zu skizzieren oder in einem *Exposé* 1933 knapp darzustellen. Auch ein *Zusammenfassender Auszug* (1932) machte ihm keine Probleme.[134] Aber die publizierbare Form seines bereits stark zusammengekürzten Manuskripts mußte schließlich sein Onkel Walter Schiff herstellen, *der unbarmherzig ungefähr die Hälfte des Textes strich. Ich glaube nicht, daß ich das selbst hätte tun können, nachdem ich mich so bemüht hatte, klar und deutlich zu sein.*[135]

Im November 1934 (mit «1935» auf dem Titelblatt) erschien der Text dann als Poppers erste große philosophische Veröffentlichung, seine *Logik der Forschung*. Sie wurde zum weltberühmten Standardwerk der modernen Wissenschaftslehre.

Bereits in einem Brief vom 30. Juli 1932 hatte Popper dem Wiener Dichter und Kulturhistoriker Egon Friedell mitgeteilt: *Mein Buch ist eine Erkenntnistheorie, genauer: eine Methodenlehre. Es ist ein Kind der Zeit,*

Rudolf Carnap.
Foto von
Francis Schmidt,
1935

ein Kind der Krise, – wenn auch vor allem der Krise der Physik. Es behauptet die Permanenz der Krise; wenn es Recht hat, so ist die Krise der Normalzustand einer hochentwickelten rationalen Wissenschaft.[136]

In keiner anderen Selbsteinschätzung hat Popper über sein philosophisches Erkenntnisinteresse so pointiert Auskunft gegeben. Es ging ihm in seinem Buch nicht mehr darum, «Wissen» als einen subjektiven Bewußtseinszustand aufzufassen, sondern um die «Logik» hochentwickelter (physikalischer) Theorien, die zur Diskussion gestellt werden und sich gegenseitig zum kritischen Kampf herausfordern. Ihn interessierte nicht, was nahezu jedermann wußte – daß die Katze auf der Matte liegt, daß Julius Cäsar ermordet wurde, daß das Gras grün und der Schnee weiß ist –, sondern das problematische Wissen, die wissenschaftliche «Forschung» also, die sich in einem permanenten Krisenzustand befindet, weil sich keine noch so erklärungsstarke Theorie als endgültige Wahrheit behaupten kann. Er fühlte sich herausgefordert nicht durch irgend-

SCHRIFTEN ZUR
WISSENSCHAFTLICHEN WELTAUFFASSUNG

HERAUSGEGEBEN VON

PHILIPP FRANK UND MORITZ SCHLICK
o. ö. PROFESSOR AN DER   o. ö. PROFESSOR AN DER
UNIVERSITÄT PRAG BAND 9 UNIVERSITÄT WIEN

LOGIK DER FORSCHUNG

ZUR ERKENNTNISTHEORIE DER
MODERNEN NATURWISSENSCHAFT

VON

KARL POPPER

WIEN · VERLAG VON JULIUS SPRINGER · 1935

---

welche «Normalwissenschaften», die ohne Risiko nur im Bereich des Bekannten aufzuräumen versuchen, sondern war fasziniert durch wissenschaftliche Revolutionen, die den Prozeß der hochentwickelten Forschung als *Normalzustand* kritischer und krisenreicher Problemsituationen erkennen ließen.[137]

Die *Logik der Forschung* lieferte, so gesehen, die erste Erkenntnis- und Wissenschaftstheorie, die auf der Höhe der Zeit war. Sie war ein Kind der abenteuerlichen Situation, die durch Einsteins Relativitätstheorie und die moderne Quantenmechanik geschaffen worden war.

Hatte Kant seine «Kritik der reinen Vernunft» geschrieben, um das wahre, gesicherte und hinreichend begründete Wissen der Newtonschen

Theorie gegen den Skeptizismus Humes zu verteidigen, so verstand Popper seine *Logik der Forschung* als eine philosophische Antwort auf jene Krise, in die das klassische Ideal des Wissens gestürzt worden war: *Was man auch von Einsteins Theorie halten mag, sie hat uns sicherlich gelehrt, die Newtonsche als «bloße» Hypothese oder Vermutung zu betrachten.*[138] Zwar gestand Popper Kant zu, daß unsere Theorien selbsterzeugte Schöpfungen unseres Verstandes sind. Aber er legte, gegen Kant, den Akzent auf den Versuchscharakter dieser Verstandestätigkeit, mit der wir der Natur ihre Gesetze vorzuschreiben bemüht sind. Wir können nie sicher sein, ob es uns gelingt. Die *Permanenz der Krise* besteht in der unaufhebbaren Unsicherheit, die jedes wahre und sichere Wissen unterminiert und als illusionistisches Wunschbild erkennen läßt. In dieser Hinsicht war Kants «Kritik» nicht kritisch genug. Sie setzte voraus, daß Newtons Theorie wahr war. Die heroische Antwort, die Kant a priori geben wollte, ruhte auf einem nicht hinterfragten Dogmatismus. *Und das ist der Hauptpunkt, der mich von Kant trennt. Wir wissen viel weniger, als Kant geglaubt hat. (Er war von Newton verführt.)*[139]

Für diese Einsicht bot die *Logik der Forschung* eine ausgeführte dekonstruktive Begründung, die zwei Strategien verfolgte. Destruktiv diente Poppers Verwerfung des Induktionsprinzips dem pessimistischen Nachweis, daß noch so viele Beobachtungen niemals induktiv die Wahrheit einer allgemeinen Gesetzesaussage sichern können. Auch von 1000 Wiederholungsfällen läßt sich nicht logisch auf den 1001. Fall schließen. All die vielen weißen Schwäne, die man gesehen hat, liefern keine induktive Sicherheit für die Annahme, daß alle Schwäne weiß sind; und selbst ein induktivistisches Paradebeispiel wie Humes «Brot ernährt» *wurde tragisch widerlegt, als auf übliche Weise gebackenes Brot ein französisches Dorf praktisch ausrottete: durch eine Mutterkornvergiftung.*[140] («Aber wie steht es mit dem Paradigma der Induktivisten und Existentialisten, daß alle Menschen sterblich sind?» fragte ich Popper, worauf er mich mit der schelmischen Antwort überraschte: *Zumindest theoretisch ist es doch denkbar, daß ein Leben, wie wir es führen, weitergeht. Sie und ich sind bisher ja noch nicht gestorben.*[141])

Aber aus seiner logischen Kritik des Induktivismus, der von Francis Bacon bis in die Gegenwart die rationale Grundlage des wissenschaftlichen Wissens abzusichern bemüht war, muß kein irrationalistischer Schluß gezogen werden. Denn zugleich entwarf Popper ein konstruktives nichtinduktivistisches Abgrenzungskriterium, das optimistisch die fortschrittliche Rationalität des wissenschaftlichen Erkenntnisprozesses garantieren kann: gerade die Anerkennung der Fehlbarkeit und Widerlegbarkeit des Vermutungswissens eröffnet die Möglichkeit des Fortschritts in unseren Hypothesen. Wir können aus unseren Fehlern lernen. So nähern wir uns der Wahrheit. Wir haben gelernt, nicht mehr enttäuscht zu sein, wenn unsere Theorien falsifiziert werden. Denn wir können bessere

Werner Heisenberg, 1933

Theorien entwerfen und vergleichen, welche Theorien einen größeren Wahrheitsgehalt besitzen als andere. Und dieses Wissen ist es, das uns mit dem Verlust der Illusion endgültig gesicherter Erkenntnis versöhnt.

Mit dieser konstruktiven Wendung hat Popper in seiner *Logik der Forschung* auch in die Deutungsdebatte eingegriffen, die zu seiner Zeit von führenden Theoretikern der Quantenmechanik angezettelt worden war. *In jener Zeit (1930), als ich, ermutigt durch Herbert Feigl, mein Buch zu schreiben begann, befand sich die moderne Physik im Umbruch.*[142] Werner Heisenberg und Max Born hatten um 1925 die Quantenmechanik begründet und damit auch die naturphilosophische Reflexion in eine tiefe Krise gestürzt, die keinen der großen zeitgenössischen Physiker unbehelligt ließ. Albert Einstein, Niels Bohr, Wolfgang Pauli, Erwin Schrödinger, Paul Dirac, Max Planck, Arnold Sommerfeld, Victor Weisskopf, Louis-Victor de Broglie – sie alle waren verstrickt in hitzige Diskussionen darüber, wie – und ob überhaupt – die Geheimnisse des subatomaren Forschungsbereichs gelüftet werden können. Besonders das Licht, das physikalisch völlig erhellt zu sein schien und Heinrich Hertz 1889 noch selbstbewußt sagen ließ: «An diesen Dingen ist ein Zweifel nicht mehr möglich, eine Widerlegung dieser Anschauungen ist für den Physiker undenkbar. Die Wellentheorie des Lichtes ist, menschlich gesprochen, Gewißheit»[143], war zu einer verwirrenden Größe geworden. Jetzt ging es plötzlich nicht mehr um problemlos berechenbare geometrische Verhältnisse von Lichtwellenbewegungen, sondern auch um Lichtpartikel und -quanten, um zufällige Quantensprünge, die sich nicht mit den Mitteln der klassischen Physik erklären oder voraussagen ließen, um statistische Gesetze statt um Gesetze für einzelne Vorgänge in Raum und Zeit, um mathematisch deduzierte Unschärfe- und Unbestimmtheitsrelationen zwischen Ort und Geschwindigkeit mikrophysikalischer Teilchen, die der Messung unüberwindbare Grenzen zu setzen schienen.

Die Krise der Physik bestand nicht allein in der permanenten Abfolge von Problemen, Lösungsversuchen und neuen Problemen, sondern hatte das Verstehen selbst affiziert. *Es gibt noch einen anderen Aspekt der gegenwärtigen Krise: sie ist auch eine Krise des Verstehens.*[144] Bevorzugt mit ihr hat Popper sich bereits in der *Logik der Forschung* auseinandergesetzt, und sie hat sein weiteres Philosophieren bis heute nicht zur Ruhe kommen lassen. *Ich bin noch immer in einen Kampf mit den Quantentheoretikern involviert.*[145] Er hat nicht nachgelassen, *eine ganze Sippe von philosophischen Gespenstern zu bannen und mit allen jenen verblüffenden philosophischen Behauptungen aufzuräumen*[146], die mit Borns rein statistischer Interpretation der Quantenmechanik, mit Heisenbergs «Unbestimmtheitsrelation» und Bohrs «Komplementaritätsprinzip» (des Lichts als Welle und als Partikel) die naturphilosophische Szene betreten hatten.

Denn Popper war von Anfang an nicht bereit, den realistischen Anspruch aufzugeben, daß wir mit unseren Theorien rationale Netze auswerfen können, *um unseren Fisch zu fangen, die wirkliche Welt*[147], und so der Wahrheit schrittweise näherkommen. Er wollte sich nicht in der *großen Quanten-Verwirrung (the great quantum muddle)*[148] einrichten, die dem Subjektivismus und Relativismus Tür und Tor geöffnet hatte. Schon in seiner *Logik der Forschung* bot er eine Lösung jener Krise an, zu der nicht die Praxis, sondern die philosophische Interpretation der Quantenmechanik geführt hatte.

Deshalb attackierte er Bohrs Verzicht, zu einem tieferen Verständnis der Komplementarität von Wellenbild und Teilchenbild zu gelangen, und bemühte sich, das «Verstehen» von einer Fixierung auf visuelle Vergegenwärtigung zu befreien; und er konnte sich absolut nicht mit Heisenbergs Einschränkungen der erreichbaren Meßgenauigkeit befreunden, sondern plädierte für die Möglichkeit und Notwendigkeit genauerer Messungen, als sie durch die mathematisch erschlossene Unbestimmtheitsrelation erlaubt sein dürften. *Messungen, die nach der gewöhnlichen Interpretation der Heisenberg-Formeln «verboten» sind, sind nach meinen Ergebnissen nicht nur erlaubt, sondern tatsächlich notwendig, um diese*

Formeln zu überprüfen.[149] Mit seiner Interpretation der Heisenberg-Formeln als *statistisch-objektive Streuungsrelationen*, die er später mit seiner Theorie der *Propensität* (als physikalisch realer Verwirklichungstendenzen) weiter ausbauen wird, hat Popper bereits im IX. Kapitel seiner *Logik der Forschung* gezeigt, daß die Krise der Physik nicht zu einer Krise des realistischen Forschungsunternehmens führen muß.

Die *Logik der Forschung* ist, zusammenfassend charakterisiert, das Werk eines unorthodoxen Kantianers und metaphysischen Realisten, der von Einstein und der Quantenmechanik gelernt hat, daß selbst Newtons klassische Mechanik korrigiert werden mußte und jede Theorie nur eine Hypothese ist. *Und das bedeutet eine völlige Änderung der Problemsituation gegenüber der, die Kant vorfand.*[150] Jede rationale Wissenschaft ist eine kritische Tätigkeit. Wir überprüfen unsere theoretischen Entwürfe kritisch. Wir kritisieren sie, um Fehler zu finden; und in der Hoffnung, die Fehler zu eliminieren und so der Wahrheit näherzukommen. Wir suchen nach der Wahrheit, aber wir besitzen sie nicht.

In dieser epistemologischen Haltung wurde Popper besonders bestärkt, als er fand, *daß die erkenntnistheoretische Einsicht, die ich 1934 formuliert hatte, schon vor 2500 Jahren von Xenophanes vorweggenommen war*[151]. Immer wieder wird er den Spruch dieses Vorsokratikers zitieren, auf den er einst in der väterlichen Bibliothek gestoßen war:

«Nicht vom Beginn an enthüllten die Götter den Sterblichen alles
Aber im Laufe der Zeit finden wir suchend das Bess're.
Sichere Wahrheit erkannte kein Mensch und wird keiner erkennen
Über die Götter und alle die Dinge von denen ich spreche:
Sollte einer auch einst die vollkommenste Wahrheit verkünden
Wüßte er selbst es doch nicht: es ist alles durchwebt von Vermutung.»[152]

Es wundert nicht, daß seine Lösungen des Induktions- und des Abgrenzungsproblems Popper in einen heftigen Widerstreit mit dem Wiener Kreis verstrickten. Zwar bewunderte er dieses *einzigartige Seminar von Philosophen, die hier mit hervorragenden Mathematikern und Naturwissenschaftlern zusammenarbeiteten*[153]; einigen Mitgliedern war er auch persönlich zu großem Dank verpflichtet; und er war vor allem durch die rationale Einstellung angezogen, mit der der Wiener Kreis gegen den zunehmenden Irrationalismus und seine politischen Propagandisten ankämpfte. *In dieser Einstellung, der Einstellung der Aufklärung, und in der kritisch-rationalen Auffassung von der Philosophie – von dem, was die Philosophie leider ist, und von dem, was sie sein sollte – fühle ich mich noch heute mit dem Wiener Kreis verbunden, und besonders mit seinem geistigen Vater, Bertrand Russell.*[154]

Aber während der Wiener Kreis in seiner Suche nach einer verläßlichen Verankerung des theoretischen Wissens im Erfahrungsgegebenen

Moritz Schlick,
um 1930

auf induktive Schlußfolgerungen vertraute, hatte Popper das Induktionsprinzip als eine logische Illusion entlarvt und dagegen sein deduktives Schlußverfahren (modus tollens) der kritischen Prüfung gestellt: ist ein einzelner Satz p aus einer Theorie t logisch ableitbar und ist p falsch, so ist auch t falsch (falsifiziert). – Und gegen das «empiristische Sinnkriterium» des Wiener Kreises, das auf Methoden der Verifikation abzielte, legte Popper allergrößten Nachdruck auf sein «Abgrenzungskriterium», für das negative Beispiele wie Widerlegungen, Überprüfungen, Widerlegungsversuche – kurz: Kritik – die entscheidende Rolle spielen. Über «Sinn» wurde damit nichts präjudiziert; denn nicht alles, was seinem Abgrenzungskriterium widersprach, wurde damit zugleich als unsinniges oder sinnloses Geschwätz disqualifiziert. Auch metaphysische Gedankengebäude können sinnvoll sein. Sie sind verstehbar, können rational diskutiert werden, und oft genug haben sie sich als ernstzunehmende Vorläufer wissenschaftlicher Ideen erwiesen und zu wichtigen Ergebnissen geführt. Man denke nur an Demokrits Metaphysik der Atome, an Descartes' Spekulationen über die Materie oder an Newtons metaphysische Gedanken über den absoluten Raum und die absolute Zeit.

Alles das bestärkte meinen Eindruck, daß ich für jedes einzelne seiner Hauptprobleme bessere und klarere Antworten hatte als der Wiener Kreis.[155] Es hilft zugleich zu verstehen, warum Popper kein Mitglied dieses Kreises werden konnte und von Schlick niemals eingeladen wurde, an den Treffen teilzunehmen. *Ich habe mit Schlick eine einzige Diskussion in seiner Wohnung über diese Dinge gehabt.*[156] Nur sein Buch konnte er in der Schriftenreihe des Wiener Kreises veröffentlichen, und mehrere seiner Mitglieder luden ihn ein, die strittigen Punkte mit ihnen persönlich zu diskutieren. Ob es Popper dabei gelungen ist, einige von ihnen von seinen eigenen Lösungen zu überzeugen und so für den Tod des Logischen Empirismus als Täter verantwortlich zu sein, kann hier nicht geklärt werden. Aber wie auch immer man den Widerstreit zwischen Popper und dem Wiener Kreis einschätzen mag, sicher ist, daß der dreißigjährige Hauptschullehrer durch seine Begegnung mit den Mitgliedern dieses Kreises zum Philosophen geworden war.

Erste Erfolge

Mit der Veröffentlichung der *Logik der Forschung* hatte Popper die Aufmerksamkeit der Philosophengemeinde erregt. Sein Buch wurde ausführlich diskutiert und oft zitiert. *Die Folge war, daß ich aus verschiedenen europäischen Ländern viele Briefe erhielt und viele Einladungen zu Vorträgen.*[157]

Bereits auf der vom Wiener Kreis mitveranstalteten Prager «Vorkonferenz der Internationalen Kongresse für Einheit der Wissenschaft» im Spätsommer 1934, als sein Buch im Umbruch vorlag, hatte Popper seine zentralen Gedanken öffentlich zur Diskussion gestellt, kritisch gegen Hans Reichenbachs Konzept einer induktivistischen Wahrscheinlichkeitslogik.[158] Jetzt, nach ihrer Publikation, wollte man mehr von ihm hören. Er trug seine Überlegungen in mehreren «epizyklischen» Gruppen vor, die eine Art Hof um den Wiener Kreis bildeten. Unter anderem hielt er im berühmten «Mathematischen Kolloquium» Karl Mengers im Frühjahr 1935 einen Vortrag über Wahrscheinlichkeitstheorie. *Es war eine erlesene Versammlung von ungefähr dreißig Leuten, darunter Kurt Gödel, Alfred Tarski und Abraham Wald.*[159]

Etwa zu dieser Zeit (Winter 1934/35) verbrachte Popper auch einen langen Abend mit Werner Heisenberg, dem Star im «Goldenen Zeitalter der Atomphysik». Doch stärkeren Eindruck als dieses Gespräch, in dem es um die Grenzen des Verstehens und der Erkenntnis ging, hinterließ bei Popper seine Begegnung mit Alfred Tarski. Er hatte ihn zum ersten Mal auf der Prager Vorkonferenz getroffen, wo er ihm auch die korrigierten Druckfahnen seiner *Logik der Forschung* gezeigt hatte – *ich zweifle aber,*

Kurt Gödel und Albert Einstein am
Institute for Advanced Study in Princeton

ob er sich dafür interessierte.[160] In Wien, wo Tarski sich etwa ein Jahr lang aufhielt, wurden sie Freunde, und Popper wird ihm lebenslang dankbar sein für das, was er bei diesen Gesprächen lernen konnte. Denn von diesem großen polnischen Logiker und Mathematiker, dessen semantische Konzeption des Wahrheitsbegriffs den Logischen Empirismus aus seiner Beschränkung auf rein syntaktische Sprachformen befreite, ließ er sich von der erkenntnistheoretischen Relevanz des Begriffs «wahr» überzeugen, den er in seinem Buch noch recht stiefmütterlich behandelt hatte. *In einem etwa zwanzigminütigen Vortrag auf einer Bank (einer unvergesse-*

nen Bank) im Wiener Volksgarten[161] erläuterte Tarski ihm Anfang 1935 die Grundgedanken seiner Wahrheitstheorie, und Popper sah sofort, *wie wichtig sie war, und daß er ein für allemal die vielgelästerte Korrespondenztheorie der Wahrheit rehabilitiert hatte*[162]. Seitdem konnte er die Ausdrücke «Wahrheit» und «Falschheit» ohne Zögern verwenden und ihnen einen zentralen Stellenwert für sein weiteres philosophisches Nachdenken zuschreiben. *Keine Worte können beschreiben, wieviel ich daraus lernte, und keine Worte können meine Dankbarkeit ausdrücken. Obwohl Tarski nur wenig älter war als ich und obwohl wir uns in diesen Tagen persönlich sehr nahe gekommen waren, sah ich in ihm meinen wirklichen Lehrer in der Philosophie. Ich habe von niemandem sonst so viel gelernt.*[163] Er hatte gelernt, ohne Skrupel von «Wahrheit» als «Übereinstimmung mit den Tatsachen» zu sprechen. Er konnte nun «Wahrheit» als die zentrale regulative Idee anerkennen, die dem Weg der rationalen Wissenschaft seine Orientierung gibt und sein Ziel vorzeichnet, auch wenn man niemals sicher sein kann, es erreicht zu haben. Es geht nicht um Gewißheit, sondern um (objektive und absolute) Wahrheit.

Durch Tarski sind wir, Popper zufolge, von allen Spielarten des Subjektivismus und Relativismus geheilt worden. *Die Idee der Wahrheit ist von grundlegender Bedeutung für die Theorie der Erkenntnis, und insbesondere der wissenschaftlichen Erkenntnis. Wissenschaft ist Wahrheitssuche: nicht der Besitz von Wissen, sondern das Suchen nach Wahrheit.*[164] Tarskis korrespondenztheoretischer Wahrheitsbegriff lieferte also weder Gründe für das Gefühl subjektiver Gewißheit noch ein allgemeines Kriterium für die Übereinstimmung von Aussagen und Tatsachen. Auch darf er nicht mißverstanden werden als Begründung einer Methode, die Wahrheit finden oder sicher sein zu können, sie gefunden zu haben, selbst wenn es der Fall wäre. (Darauf wird Popper später, nachdem er Professor für «Logik und wissenschaftliche Methodenlehre» geworden ist, gern hinweisen. *Regelmäßig begann ich meine Vorlesungen über Wissenschaftliche Methode, indem ich meinen Studenten erzählte, daß es eine wissenschaftliche Methode nicht gibt.*[165] Es gibt nur wissenschaftliche Probleme und Versuche, sie zu lösen in der Absicht, der Wahrheit näherzukommen.) Tarskis Wahrheitsbegriff spielt nur als «regulatives Prinzip» seine wegweisende Rolle. So verstanden ist er *wie ein Berggipfel, der gewöhnlich hinter Wolken verborgen liegt*[166], aber doch dem Bergsteiger als objektiv existierendes Ziel vorgegeben ist; oder wie der Pol, an dem sich der segelnde Seefahrer auf seinen Reisen orientiert: er muß dauernd seine Richtung korrigieren, und sie weicht fast immer von dem Punkt ab, den er erreichen will. *Genauso geht es mit unserer Fehlerkorrektur in unserer Suche nach der Wahrheit.*[167]

Im Herbst 1935 wurde Popper von Susan Stebbing nach England eingeladen. Am Bedford College in London sollte er zwei Vorlesungen über seine Ideen halten. Er war jedoch so sehr von den Leistungen Tarskis beeindruckt, daß er lieber über dessen Semantik und Wahrheitskonzeption sprach als über seine *Logik der Forschung.*

Insgesamt war Popper in den Jahren 1935/36 etwa neun Monate in England, nur kurz unterbrochen durch einen Zwischenaufenthalt in Wien. Er hatte sich von seiner Lehrerstelle beurlauben lassen, ohne Gehalt zu bekommen. Seine Frau unterrichtete weiter und verdiente für beide das nötige Geld. Die philosophischen Diskussionen interessierten ihn nun mehr als der Unterricht an einer Wiener Hauptschule. Man begann, auf seine Argumente zu hören und ihn als einen anregenden Diskussionspartner zu akzeptieren. Außerdem war er sehr gern in England. *Es war eine Offenbarung gewesen. Die Ehrlichkeit, Freundlichkeit und Großzügigkeit der Menschen, ihr starkes politisches Verantwortungsgefühl und ihr überzeugter Pazifismus machten auf mich den denkbar größten Eindruck.*[168]

Er lernte nun auch einige der Physiker und Philosophen persönlich kennen, von denen er bisher nur gelesen hatte. Am Imperial College in London hielt er drei Vorlesungen über Wahrscheinlichkeit; in Cambridge, in Anwesenheit von George Edward Moore und C. H. Langford,

Cambridge

stellte er seine Gedanken zur Diskussion; auch in Oxford hielt er einen Vortrag, wo Freddie Ayer (später Sir Alfred J. Ayer) ihn mit Isaiah Berlin und Gilbert Ryle bekannt machte. Dort traf er ebenfalls Erwin Schrödinger, den Nobelpreisträger für Physik (1933), mit dem er lange Gespräche über die Quantenmechanik führte. (Später, zwischen 1947 und 1960, trafen sie sich regelmäßig und führten hitzige *Diskussionen, die interessanter und sicherlich aufregender waren als alle, die ich mit anderen Physikern geführt habe.*[169])

Auch an der London School of Economics hielt er einen Vortrag. Im Seminar von Friedrich A. von Hayek sprach er über *Das Elend des Historizismus*, über seine bereits im Winter 1919/20 entwickelte Grundthese, *daß die «Lehre von der geschichtlichen Notwendigkeit» der reinste Aberglaube ist und bleibt, wie sehr sie sich auch als «wissenschaftlich» gebärden mag.*[170] Popper, dem dieser kritische Gedanke unter dem Eindruck des Ersten Weltkriegs und der kommunistischen Prophezeiung einer bevorstehenden Weltrevolution gekommen war, fand in dem führenden Neoliberalen Hayek, der ebenfalls aus Wien stammte und dort (1927 bis 1931) Direktor des Österreichischen Instituts für Konjunkturforschung gewesen war, einen aufmerksamen Gesprächspartner, der für sein weiteres Leben eine wichtige Rolle spielen sollte. Denn nicht nur bei der Ausarbeitung seiner eigenen sozialwissenschaftlichen Methodologie griff Popper später wiederholt auf Hayeks Überlegungen zurück, auf dessen Konzept eines «Planens für die Zukunft» etwa, das die Form einer schrittweise vorgehenden Sozialtechnik in einem gesetzlichen Rahmen

London in den dreißiger Jahren

annimmt und jeden Anspruch eines «zentralistischen», «kollektivistischen» Planens zurückweist, oder auf sein Plädoyer für eine einheitliche Methode der Sozial- und Naturwissenschaften, die beide nicht auf Verifikationen zielen, sondern ihre Hypothesen kritischen Widerlegungsversuchen aussetzen. Auch für Poppers weiteren Lebensweg wird Hayek mehrfach bedeutsam sein. Denn seinem Engagement ist es zu verdanken, daß Poppers bahnbrechende Arbeiten *Das Elend des Historizismus* (1944/45) und *Die offene Gesellschaft* (1945) veröffentlicht werden. Und

Erwin Schrödinger

Hayek wird es auch sein, der Popper 1946 eine außerordentliche Professur an der London School of Economics verschafft und ihm damit eine Möglichkeit bietet, seine Gedanken institutionell gesichert zu entfalten.

Ein besonderes Erlebnis war für Popper sein Zusammentreffen mit Bertrand Russell im Frühjahr 1936. Freddie Ayer hatte ihn zu einem Treffen der Aristotelian Society mitgenommen, auf dem Russell, *den ich für den größten Philosophen seit Kant halte*[171], über «Die Grenzen des Empirismus» sprach. Von der Annahme ausgehend, daß empirisches Wissen durch Induktion aus Sinnesdaten gewonnen wird, und zugleich durch Humes Kritik der Induktion beeindruckt, sprach Russell davon, daß ein Induktionsprinzip angenommen werden muß, das selbst nicht auf Induktion zurückgeführt werden kann, gleichsam ein aprioristisches Prinzip à la Kant, das als solches die Grenzen des Empirismus aufzeigt.

Nach dem Vortrag wurde diskutiert, und Ayer forderte Popper auf, seine Kritik des Induktivismus vorzutragen, wie er sie in der *Logik der Forschung* entwickelt hatte. *Ich sagte also zunächst, ich glaubte überhaupt nicht an die Induktion, obwohl ich an ein Lernen aus Erfahrung glaubte und an einen Empirismus ohne jene von Russell vorgeschlagenen Kantschen Grenzen. Diese Bemerkung, die ich in dem unsicheren Englisch, das mir zur Verfügung stand, so knapp und bündig wie möglich formulierte, wurde mit Wohlwollen von den Anwesenden aufgenommen, die sie anscheinend als einen Spaß auffaßten, lachten und klatschten. Ich machte einen zweiten Versuch und sagte, die ganze Schwierigkeit sei auf die falsche Annahme zurückzuführen, daß wissenschaftliches Wissen eine Abart von Wissen sei – von Wissen in dem gewöhnlichen Sinne, in dem es, wenn ich weiß, daß es regnet, wahr sein muß, daß es regnet, so daß Wissen Wahrheit und Sicherheit impliziert. Was wir «wissenschaftliche Erkenntnis» nennen, sei aber, so sagte ich, hypothetisch und oft unwahr und keineswegs sicher wahr oder wahrscheinlich wahr (im Sinne der Wahrscheinlichkeitsrechnung). Auch das nahmen die Zuhörer als einen Spaß auf oder als ein Paradoxon, und sie lachten und applaudierten. Ich fragte mich, ob einer darunter war, der ahnte, daß ich nicht nur diese Ansichten ernsthaft vertrat, sondern daß eine Zeit kommen werde, in der diese Ansichten in weiten Kreisen als trivial gelten würden.*[172]

Im Juni 1936 verließ Popper London. Er nahm in Kopenhagen am «2. Internationalen Kongreß für Einheit der Wissenschaft» teil, der vor allem von Otto Neurath organisiert worden war. Hier traf er auch Niels

Alfred Jules Ayer und Bertrand Russell

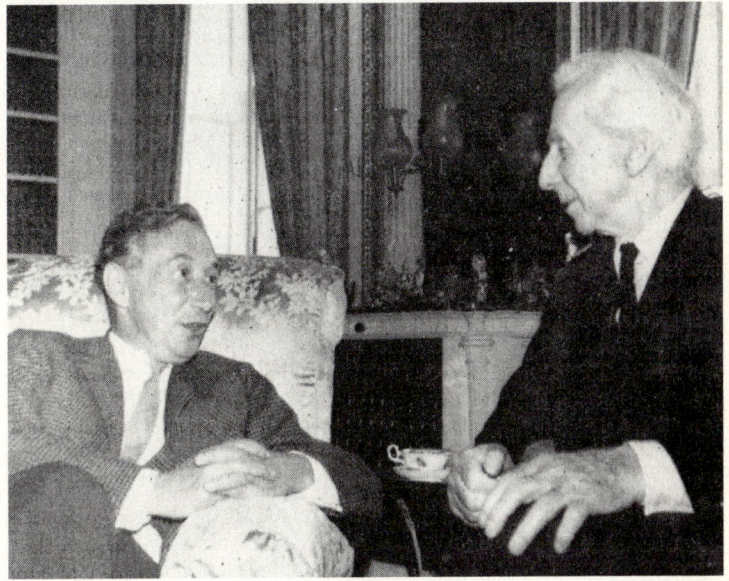

«2. Internationaler Kongreß für Einheit der Wissenschaft» in Kopenhagen, 1936: In der 4. Reihe Mitte (im hellen Anzug) ist Karl Popper zu erkennen, dritter von links ist Otto Neurath; stehend Jörgen Jörgensen, der den Eröffnungsvortrag hielt; in der 1. Reihe ganz rechts Niels Bohr, daneben Phillipp Frank

Bohr und wurde von ihm eingeladen, einige Tage zu bleiben, um an den Diskussionen in seinem Kopenhagener Institut teilzunehmen. Er versuchte seine eigenen Überlegungen zur Quantenmechanik vorzutragen, kam damit aber nicht allzuweit. Im Grunde hat nur Bohr geredet. *Ich fühlte mich geschlagen, und ich konnte mich dem überwältigenden Eindruck von Bohrs Persönlichkeit und Eifer nicht entziehen. (Bohr war damals überhaupt unwiderstehlich.)* [173]

Von Kopenhagen kehrte Popper, Hitler-Deutschland durchquerend, nach Wien zurück. Aber er mußte nun ernsthaft überlegen, wie es weitergehen sollte. Hauptschullehrer wollte er nicht mehr gern bleiben, aber für einen Berufsphilosophen war die politische Situation alles andere als günstig. Der Wiener Kreis war, nach Errichtung des klerikal-faschistischen Regimes unter Bundeskanzler Engelbert Dollfuß, zerschlagen worden; Poppers Freund Herbert Feigl war schon 1931 in die USA übergesiedelt; Neurath war 1934 nach Den Haag emigriert; Carnap 1936 in die USA; Schlick war am 22. Juni 1936 von einem verstörten Studenten erschossen worden. Was also tun? Schon seit einiger Zeit erwartete Popper die Annexion Österreichs durch Hitler; und er sah, daß es zum Krieg kommen würde.

Da erhielt Popper am Weihnachtsabend 1936 ein Telegramm, in dem ihm eine Dozentur am Canterbury University College in Christchurch, Neuseeland, angeboten wurde. Es war eine reguläre Anstellung, die ihm die Weiterarbeit an der Philosophie ermöglichte. Popper sagte zu. Seine Frau und er gaben ihre Stellungen als Lehrer auf. Im Januar verließen sie Wien und schifften sich nach einem kurzen Aufenthalt in London nach Neuseeland ein. Die Seereise dauerte fünf Wochen. In den ersten Märztagen des Jahres 1937 kamen sie in Christchurch an. Fast neun Jahre sollten sie auf der anderen Seite der Welt zubringen. Es wurde keine sehr glückliche Zeit, auch wenn Popper hier jenes Werk schrieb, das ihn als politischen Denker berühmt gemacht hat: *The Open Society and Its Enemies*. Es war sein philosophischer Beitrag zum Zweiten Weltkrieg.

Kampfansagen aus der Ferne 1937–1945

Von der Dialektik zur Trial-and-error-Methode

Als Popper in Christchurch ankam, begann gerade das akademische Jahr. Er war als Dozent für Philosophie eingestellt worden, und man erwartete von ihm, daß er sich ganz und gar der Lehre widmete. Nur unter größten Schwierigkeiten konnte er sich mit seinen Forschungen beschäftigen; vor allem sein universitärer Vorgesetzter versuchte mit allen Mitteln zu verhindern, daß er etwas schrieb oder gar veröffentlichte. Doch Popper ließ sich nicht mehr abhalten, das zu tun, wozu er durch Feigl animiert worden war: Bücher zu schreiben. So entstanden, gegen massive Widerstände, seine beiden Arbeiten *The Poverty of Historicism* und *The Open Society*, in denen er seine Auffassung von wissenschaftlicher Erkenntnis auf das Gebiet der politischen Philosophie ausdehnte. Die Entstehungsgeschichte dieser Bücher ist etwas verwirrend[174], und es ist unmöglich, hier auch nur einigermaßen die Komplexität und Vielfalt von Poppers Überlegungen zu skizzieren. Nur zwei Strängen soll näher gefolgt werden: Poppers Kritik der Dialektik und seiner Liebe zu Sokrates, den er gegen *Platons Zauber* ins Feld führte.

Denn an ihnen läßt sich am deutlichsten Poppers Intention ablesen: auch wenn seine beiden in Neuseeland geschriebenen Bücher auf seiner Erkenntnistheorie der *Logik der Forschung* aufbauten, so ist nicht zu übersehen, daß er sie als *einen Kriegsbeitrag verstanden hat.*[175] Sie wurden geschrieben als eine Verteidigung demokratischer Freiheiten und intellektueller Redlichkeit – *eine Verteidigung gegen totalitäre und autoritäre Ideen* – *und als eine Warnung vor den Gefahren des historizistischen Aberglaubens.*[176] Auch der emotionale Stil dieser Bücher erklärt sich aus der Situation, in der Popper sich befand. Angesichts der fürchterlichen Wirklichkeit des Krieges fühlte er sich als Philosoph verpflichtet, die Verantwortlichkeit bestimmter Denkweisen für das, was geschah, deutlich zu machen. Er ging auf Spurensuche in der Philosophie, um die geistesgeschichtlichen Quellen von Nationalsozialismus und Stalinismus freizulegen. Er schrieb an gegen Hitler und Stalin, aber verabscheute deren Namen so sehr, daß er sie nicht erwähnen wollte.

Statt dessen konzentrierte er sich auf Platon, den *ersten großen politischen Ideologen, der in Klassen und Rassen dachte und Konzentrationslager vorschlug*[177], «an einer einsamen, möglichst unwirtlichen Mitte des Landes»[178]. Er ging zurück zu Marx, um den Stalinismus zu begreifen; und zu Hegel, um verstehen zu können, warum besonders die deutschen Intellektuellen ihre Stimme für totalitäre Denkweisen abgaben, gegen Kant, Schiller und Humboldt. *Die Probleme des Werkes sind die unserer Zeit – auch dort, wo es in die Vergangenheit zurückblickt; [...] und der Umstand, daß der größte Teil während jener schweren Jahre geschrieben wurde, in denen der Ausgang des Krieges ungewiß war, mag vielleicht erklären, warum mir heute* (London, 14. Juli 1950) *manche meiner kritischen Bemerkungen emotionaler und in der Formulierung härter erscheinen, als ich es jetzt wünschen würde. Aber Zeit und Umstände verlangten eine scharfe Sprache: auf einen groben Klotz gehört ein grober Keil.*[179]

Bereits in seinem ersten philosophischen Seminar, das er 1937 am Canterbury University College in Neuseeland abhielt, stellte Popper die Frage *What is Dialectic?* und legte den Studenten seine schriftlich ausgearbeitete Antwort zur Diskussion vor. (Sie wurde 1949 in der Zeitschrift «Mind» veröffentlicht, und Popper hält sie für eine seiner wichtigsten Schriften.) Der aus Europa geflüchtete Philosoph, vertraut mit den erkenntnistheoretischen Reflexionen von Sokrates bis Kant, von Aristoteles bis Hegel, versuchte seinen neuseeländischen Studenten die zentrale epistemologische Frage näherzubringen: «Wie kann unser Geist die Welt erfassen?» – Aber das Interesse, das er zu wecken versuchte, wollte er zugleich vor absurden Abwegen bewahren. Dabei diente ihm die Hegelsche Dialektik als abschreckendes Beispiel. *Die ganze Entwicklung der Dialektik sollte als Warnung dienen gegen die dem philosophischen Systembauen inhärenten Gefahren.*[180]

Nach einer knappen Skizzierung des «dialektischen Dreischritts» (von Thesis, Antithesis und Synthesis), dem er noch einen gewissen deskriptiven Wert für die Darstellung der Entwicklung wissenschaftlicher Theorien zugestand, warnte er zunächst vor den vielen Metaphern, die von den Dialektikern verwendet werden. Vor allem auf die unklare Weise, in der sie von «Widersprüchen» reden, richtete er die Aufmerksamkeit. Während die Dialektiker behaupten, daß Widersprüche fruchtbar sind und sowohl im Denken als auch in der Realität den Fortschritt «hervorbringen», stellte Popper klar, daß die sogenannte Fruchtbarkeit des Widerspruchs lediglich *das Resultat unserer Entscheidung ist, keine Widersprüche zu dulden (einer Attitüde, die mit dem Gesetz des Widerspruchs übereinstimmt)*[181]. «Widerspruch» ist keine mysteriöse Kraft im Innern des Denkens oder der Wirklichkeit, sondern eine logische Relation zwischen Aussagen (sei es innerhalb von Theorien, sei es zwischen Theorien und bestimmten Beobachtungsaussagen), die uns veranlaßt, nach neuen Lösungen zu suchen, die frei von Widersprüchen sind. Wir kommen in

G. W. F. Hegel.
Stahlstich von
Sichling nach
einer Zeichnung
von L. Sebbers

unserem Denken vorwärts, weil wir keine logischen Widersprüche dulden wollen.

Äußerst absurd und in gefährlicher Weise verwirrend erschien Popper die Hegelsche Dialektik dann, wenn man ihre verrückte «Logik» der Wirklichkeit selbst zuschreibt und das Verhältnis zwischen Denken und Welt «identitätsphilosophisch» begreift: wenn sich die Vernunft dialektisch entwickelt, so muß auch die Welt von den Gesetzen der dialektischen Logik beherrscht sein. Das hielt Popper für *die übelste all jener absurden und unglaublichen philosophischen Ideen,* die zur Lösung des erkenntnistheoretischen Problems jemals erfunden worden sind. «Warum gilt die Dialektik?» – «Weil die Welt dialektisch ist.» Das klingt so, als ob man auf die Frage «Wie kann dieser Spiegel mein Gesicht reflektieren?» antworten würde: «Weil er gesicht-gleich ist.» *Dieses Argument ist offensichtlich nicht sinnvoller […] als: «Wie kann die englische Sprache die Welt beschreiben?» – «Weil die Welt wesentlich englisch ist.»*[182]

Da war Poppers eigene Antwort doch viel plausibler, die er bereits in der *Logik der Forschung* gegeben hatte und nun, kritisch gegen die Dialektik, reformulierte. Er schlug vor, auf den Ausdruck «dialektisch» ganz zu verzichten. Statt dessen plädierte er für die wesentlich klarere und bescheidenere Terminologie seiner Trial-and-error-Methode, die er allerdings nicht in dem Sinne verstand, *daß ihre Anwendung zum Erfolg führt oder daß sie im Falle des Mißerfolges nicht angewendet wurde; d. h. es handelt sich dabei nicht um einen definitiven Weg zum Erfolg. Eine Methode in diesem Sinne existiert nicht.*[183]

Mit ihr stellte er eine Möglichkeit vor, die Theoriengeschichte im Rahmen der üblichen Logik beschreiben und verstehen zu können, ohne damit dogmatisch etwas über die Struktur der Welt selbst zu präjudizieren: um ein offenes Problem (P_1) zu lösen, das in der Regel aus der Tradition der wissenschaftlichen Problemlösungsversuche stammt, schlagen wir eine oder mehrere versuchsweise Theorien (VT_{a-n}) vor, die wir kritisieren und durch Tests überprüfen, um ihre Fehler zu eliminieren (FE_{a-n}). Die Fehlereliminationen führen nun ihrerseits wieder zu neuen Problemen (P_2). Ein Erkenntnisfortschritt findet statt, mit dem wir uns zunehmend der Wahrheit annähern. Schon im Jahre 1937 stellte Popper implizit dieses Vierer-Schema auf:

$$P_1 \rightarrow VT_{a-n} \rightarrow FE_{a-n} \rightarrow P_2$$

das ihm auch später immer wieder dazu diente, den Prozeß der (wissenschaftlichen) Vermutungen und Widerlegungen zu skizzieren. *Trotz einer gewissen oberflächlichen Ähnlichkeit zwischen Hegels Dialektik und meinem Entwicklungsschema gibt es einen grundlegenden Unterschied. Mein Schema arbeitet mit Fehlerausmerzung und auf der wissenschaftlichen Ebene mit bewußter Kritik unter der regulativen Idee der Wahrheit.*[184] Mit ihm hatte er eine methodologische Richtschnur verfügbar, die sowohl vor den Abwegen des Relativismus wie vor der Dogmatik jedes historizistischen Glaubens an dialektische Gesetze der geschichtlichen Entwicklung zu schützen vermochte. Das kritische Prinzip der dauernden Fehlerkorrektur bewahrt uns davor, denen auf den Leim zu gehen, die zu wissen glauben, welchen unerbittlichen Gesetzen die Natur und die Geschichte zu folgen haben. *Diese Methode der rechtzeitigen Fehlerkorrektur zu verfolgen ist nicht nur eine Weisheitsregel, sondern geradezu eine moralische Pflicht: es ist die Pflicht zur dauernden Selbstkritik, zum dauernden Lernen, zu dauernden kleinen Verbesserungen unserer Einstellung, unserer Urteile, unserer Theorien.*[185]

Am 13. März 1938, am Tag, als Popper von Hitlers Einmarsch in Österreich hörte, beschloß er, seine kritische Erkenntnistheorie politisch zu wenden.[186] Er begann mit der Niederschrift seines Manuskripts *Die offene Gesellschaft und ihre Feinde*, dessen Revisionen (er hat es zweiundzwanzigmal mit der Hand umgeschrieben, seine Frau hat es fünfmal abgetippt) sich bis zum Februar 1943 erstreckten. Zunächst hatte er nur geplant, den Vortrag über *Das Elend des Historizismus*, den er in Hayeks Seminar an der London School of Economics gehalten hatte, zu einem Aufsatz auszu-

15. März 1938, zwei Tage nach dem «Anschluß» Österreichs:
Ansprache Adolf Hitlers auf dem Heldenplatz in Wien

arbeiten. *Aus dieser Ausarbeitung entstand oder vielmehr explodierte, ohne jeden Plan und gegen alle Pläne, das Buch «The Open Society and Its Enemies».*[187] Er war in erster Linie nicht an der politischen Philosophie interessiert, sondern an einer Theorie der wissenschaftlichen Erkenntnis. Aber der Einfall Hitlers in sein Heimatland, der Hitler-Stalin-Pakt, der anschließende Kriegsausbruch und der beunruhigende Verlauf des Krieges zwangen ihn, seinen Beitrag zur kritischen Philosophie der Politik zu leisten.

War der Ton seines einführenden Seminarpapiers über *Was ist Dialektik?* noch vergleichsweise moderat gewesen, so griff Popper nun Hegels Dialektik frontal als orakelnde Philosophie an, die er *nur mit einer Mischung aus Verachtung und Schrecken betrachten kann*[188]. Denn dieser Philosophie wurden alle hergebrachten Maßstäbe intellektueller Ehrlichkeit und Redlichkeit geopfert und damit einem totalitären Denken Zugeständnisse gemacht, die zum Verlust kritischer Urteilsfähigkeit führten. Popper hatte nicht so sehr die Absicht, dieses Phänomen zu erklären: die Zerstörung der Vernunft durch pseudophilosophische Tricks und mystifizierende Scharlatanerien. Er wollte es bekämpfen. *Die Hegelsche Farce hat genug Unheil angerichtet. Wir müssen ihr Einhalt gebieten.*

23. August 1939, nach der Unterzeichnung des deutsch-sowjetischen Nichtangriffspakts im Moskauer Kreml: Reichsaußenminister Joachim von Ribbentrop, Unterstaatssekretär Friedrich Gaus, Josef Stalin und der sowjetische Außenminister Wjatscheslaw Molotow (v. l. n. r.)

Wir müssen sprechen – sogar auf die Gefahr hin, uns bei der Berührung mit diesem skandalösen Gebilde zu beschmutzen.[189]
Kapitel 12 über *Hegel und der neue Mythos von der Horde* ist ein Aufschrei der Rationalität gegen Hegels Historizismus; gegen seine Identitätsphilosophie, in deren Labyrinth die Hegelianer einen *Hexensabbat zelebrieren und wie toll versuchen, den naiven Zuschauer zu verwirren und irrezuführen*[190]; gegen seine Vergötterung des (preußischen) Staates als geschichtlicher Notwendigkeit und seinen irrationalen Mythos vom Nationalstaat, der sich nur an unsere primitiven Stammesinstinkte wendet; gegen sein *schwulstiges und mystifizierendes Kauderwelsch* und gegen jene *magische Methode* der Dialektik, die jedes klare Denken vernebelt. *Hegel konnte Wunder wirken. Für einen logischen Hexenmeister wie ihn war es ein Kinderspiel, mit Hilfe seiner zauberkräftigen Dialektik wirkliche, physische Kaninchen aus rein metaphysischen Zylinderhüten herauszuholen.*[191]
Wesentlich ernsthafter als mit Hegel, dessen Philosophie er nur durch einen *Scherzo-Stil*[192] glaubte bloßstellen zu können, setzte sich Popper mit Marx auseinander. Hatte er zunächst gezögert, überhaupt etwas Kritisches gegen den Marxismus zu veröffentlichen, weil viele Sozial-

demokraten und Kommunisten der faschistischen Tyrannei Widerstand leisteten, so sah er sich durch die Brutalitäten und «Säuberungen» des Stalinismus gezwungen, sich auch auf die dialektische Methode und historizistische Geschichtstheorie von Marx zu konzentrieren. Zwar weigerte er sich, Marx als irgendeinen weiteren Hegelianer zu behandeln, und sah ihn *als einen ernsthaften Forscher, der selbst Rede stehen kann und muß*.[193] Er zweifelte nicht an seinem humanitären Impuls, den Unterdrückten zu helfen, und an seiner Ehrlichkeit, rationale Methoden auf die dringlichsten Probleme des sozialen Lebens anzuwenden; er gestand zu, daß Marx aufrichtig war und ein echter Wahrheitssucher. *Seine Aufgeschlossenheit, sein Wirklichkeitssinn, sein Mißtrauen vor leerem Wortschwall und insbesondere vor moralisierendem Wortschwall machten ihn zu einem der größten und einflußreichsten Kämpfer gegen Heuchelei und Pharisäertum.*[194]

Aber all das schützte Marx nicht vor Poppers radikaler Kritik, in deren Licht er als falscher Prophet erschien, dessen Historizismus sich nicht vom verderblichen Einfluß der Hegelschen Dialektik hatte befreien können. Bereits in *Was ist Dialektik?* attackierte Popper den «wissenschaftlichen» Anspruch von Marx, die ökonomische, soziale und machtpolitische Entwicklung dialektisch erklären und «dialektische Entwicklungsgesetze» aufdecken zu können, die zum notwendigen Zusammenbruch des Kapita-

Blick aus Poppers Fenster in Christchurch, Neuseeland:
Hier entstand «Die offene Gesellschaft und ihre Feinde»

In Neuseeland, während des Zweiten Weltkriegs

lismus, zu gewaltsamen sozialen Revolutionen und zum Entstehen einer klassenlosen Gesellschaft führen sollten. Im *Elend des Historizismus*, dessen Titel auf das Marxsche Werk «Das Elend der Philosophie» anspielte, breit ausgeführt dann im 2. Band der *Offenen Gesellschaft: Falsche Propheten*, hat er diese dialektische «Notwendigkeit» einer ausführlichen Kritik unterzogen. Im scherzhaften Ton seines Hegel-Kapitels ließe sich sagen, daß Popper auch gegen Marx zu zeigen versuchte, wie es diesem gelang, mit Hilfe seiner zauberhaften Dialektik wirkliche (soziale und historische) Kaninchen aus metaphysischen Zylinderhüten herauszuholen.

Wie schon in seiner wissenschaftstheoretischen Wende von der dialektischen zur Trial-and-error-Methode wollte sich Popper jedoch auch in seiner politischen Philosophie nicht nur auf Kritik beschränken. Gegen die dialektische und historizistische Metaphysik entwarf er das bescheidene Programm einer Methode, die er der Einfachheit halber als *«Stückwerk-Technologie»* (*piecemeal engineering*) bezeichnete, um damit seiner Überzeugung Ausdruck zu geben, *daß Methoden, die sich bewußt als «Stückwerk» und «Herumbasteln» verstehen, in Verbindung mit kritischer Analyse das beste Mittel zur Erlangung praktischer Resultate in den Sozial- wie in den Naturwissenschaften sind.*[195]

Es konnte nicht ausbleiben, daß diese Orientierung, die dem «Herumbasteln» und «Fortwursteln» einen größeren Wert zuschrieb als den großartigen Entwürfen dialektischer, historizistischer oder utopischer Systeme, auf scharfen Widerspruch stieß. Aber dabei wurde meist übersehen, daß Popper sich mit dieser Wortwahl und ihren *unangenehmen Assoziationen*[196] bewußt und nicht ohne Ironie gegen die intellektuelle Unbescheidenheit jeder Form eines Historizismus wandte, der mit seinem Glauben an unerbittliche Gesetze eines weltgeschichtlichen Ablaufs die Menschen oft genug dazu verführt hat, unsere Erde in eine Hölle zu verwandeln, *eine Hölle, wie sie nur Menschen für ihre Mitmenschen verwirklichen können*[197]. Dagegen versuchte Popper die weniger ambitiöse, aber wesentlich fruchtbarere und methodologisch einwandfreie *Sozialtechnik der kleinen Schritte* zu setzen, die dem Schema der Trial-and-error-Methode folgt. Wie in den Naturwissenschaften sollte auch in den Sozialwissenschaften und in der praktischen Politik von drängenden offenen Problemen, von *den größten und dringlichsten Übeln in der Gesellschaft*[198], ausgegangen werden, für deren Beseitigung Lösungen vorgeschlagen werden, die sich als unzureichend oder fehlerhaft erweisen und zu neuen Problemen führen können.

Wie es in den Naturwissenschaften, man erinnere sich nur an Einstein, notwendig sein kann, revolutionäre Wege zu beschreiten, so kann es sich auch politisch als notwendig erweisen, revolutionär (und gewaltsam) zu handeln. Der Befürworter des sozialtechnischen Herumbastelns war *nicht in allen Fällen und unter allen Umständen gegen eine gewaltsame Revolution*. Doch diese revolutionäre Gewalt darf sich niemals durch eine historizistische Prophezeiung zu legitimieren versuchen, durch den Hinweis auf eine notwendige Zukunft, die geschichtstheoretisch entworfen und «wissenschaftlich» bewiesen wird. Allein im Falle einer Tyrannei hielt auch der Stückwerk-Technologe die Anwendung von Gewalt für legitim. Hier mag es wirklich keine andere Lösung geben. *Die Anwendung von Gewalt ist nur in einer Tyrannei gerechtfertigt, in der sich Reformen nicht ohne Gewaltanwendung durchführen lassen; und sie sollte nur ein Ziel haben, nämlich die Errichtung eines Zustandes, in dem gewaltlose Reformen wieder möglich sind. Ich glaube nicht, daß wir je versuchen sollten, unter Anwendung von Gewalt mehr zu erreichen.*[199]

Vordringlich für diese gewaltlosen Möglichkeiten hat Popper seine Methode von Versuch und Irrtumsausschaltung entworfen. Er plädierte für einen selbstkritischen «Reformismus», dessen Problemlösungsversuche durch konkrete Situationen bestimmt sind und sich gegen jene konkreten Formen der Ungerechtigkeit und des Leidens richten, die sich vermeiden lassen. *Wir müssen uns mit der nie endenden Aufgabe begnügen, Leiden zu lindern, vermeidbare Übel zu bekämpfen, Mißstände abzustellen; immer eingedenk der unvermeidbaren Folgen unseres Eingreifens, die wir nie ganz voraussehen können und die nur allzuoft die Bilanz unserer Verbesserungen zu einer Passivbilanz machen.*[200]

Für Sokrates, gegen Platon

Es fällt auf, daß Popper in seinem Plädoyer für eine «Stückwerk-Technologie» nur einem einzigen Philosophen seine Reverenz erwies. Mit keinem anderen hat Popper sich in seinem Lebenswerk so sehr identifiziert. *Wie Sokrates weiß der Stückwerk-Ingenieur, wie wenig er weiß.*[201] Sokrates: nur dieses eine Mal tauchte sein Name im *Elend des Historizismus* auf. Doch in seiner *Offenen Gesellschaft*, in der Popper viele Ansichten aussprach, *die persönlicher Natur sind*[202], nahm er einen Platz ein, der nicht hoch genug geschätzt werden kann. Alles, was Popper sich von einem wahren Philosophen erwartete, wurde in Sokrates, der seinem eigenen Ich-Ideal zu entsprechen schien, verdichtet.

Schon im Rückblick auf seine erste jugendliche Begegnung mit dem Marxismus hatte Popper festgestellt: *sie lehrte mich die Weisheit der sokratischen Bemerkung «ich weiß, daß ich nichts weiß».*[203] Seine Erinnerung an den Tischlermeister Adalbert Pösch verband sich mit dem Dank: *keiner hat so viel dazu beigetragen, mich zu einem Jünger von Sokrates zu machen.*[204] In der *Offenen Gesellschaft*, diesem großen Glaubensbekenntnis für das freie Individuum, die Gleichheit aller vor dem Gesetz, die humanitäre Gerechtigkeit und den moralischen Intellektualismus, war es Sokrates, der die Maßstäbe setzte, an denen Popper sich orientierte: *den größten Beitrag zu diesem Glauben sollte Sokrates leisten, der für ihn starb.*[205] Auch in vielen späteren Arbeiten, in denen Popper über sein eigenes ethisches Ideal Rechenschaft ablegte und darüber, wie er die Philosophie sah, war es immer wieder Sokrates, auf den er sich berief. *Meiner Ansicht nach hat die professionelle Philosophie einiges auf dem Gewissen. […] Ich meine sogar, daß die Tatsache, daß ich selbst ein Berufsphilosoph bin, ernsthaft gegen mich spricht: ich empfinde es als eine Anklage. Ich erkläre mich für schuldig; aber ich biete, wie Sokrates, eine Verteidigung an.*

Oft zitierte Popper Platons «Apologie des Sokrates», *weil ich dieses Werk von allen Werken der Philosophie am meisten bewundere*[206]. Er hielt es für *das schönste philosophische Werk, das ich kenne*[207]. Die sokratische Verteidigungsrede vor dem athenischen Gerichtshof war Poppers unbestrittenes Lieblingsbuch. In dieser Rede fand er alles, was er selbst sein wollte. *Ich bewundere sie: Hier spricht ein Mann, bescheiden, mit Selbstironie und furchtlos*[208], ein Moralist und Enthusiast, der für seine kritische Haltung selbst die Todesstrafe zu akzeptieren bereit war. «Ihr Männer von Athen, ich werde mein Verhalten nicht ändern, und wenn ich noch so oft den Tod dafür erleiden müßte.»[209]

Die «Apologie des Sokrates» ist ein Werk Platons, und Popper hielt sie im großen und ganzen für einen getreuen Bericht dessen, was Sokrates sagte. Aber so sehr er Sokrates liebte, so sehr fühlte er sich abgestoßen durch das, was der geniale Schüler des Sokrates aus der Philosophie seines Lehrers gemacht hatte: *Ich bewundere vieles an Platon, besonders*

Sokrates. Römische Kopie nach einem griechischen Werk des frühen 4. Jahrhunderts v. Chr. Neapel, Nationalmuseum

jene Teile seines Werkes, die meiner Meinung nach unter dem Einfluß des Sokrates verfaßt wurden; aber ich halte es nicht für meine Aufgabe, den zahlreichen Werken, die seinem Genius den schuldigen Tribut zollen, ein weiteres hinzuzufügen.[210] Band 1 der *Offenen Gesellschaft: Der Zauber Platons*[211] ist eine Kampfansage gegen Platon, den auch Popper als *größten Philosophen aller Zeiten (denn das war Platon)*[212] anzuerkennen bereit war. Doch seine Aufgabe sah er darin, jene Elemente von Platons Philosophie zu zerstören, die seiner Ansicht nach Unheil anrichteten und den Feinden der offenen Gesellschaft die philosophischen Argumente lieferten. Popper bewunderte zwar Platon als den größten, tiefsten und genialsten Philosophen, doch er liebte Sokrates als den wahren Liebhaber der Weisheit. Stattete er Sokrates idealisierend mit allen Vorzügen eines «guten» Objekts aus, an dem er selbst seine philosophische Existenz ausrichten konnte, so übersteigerte er seine Kritik Platons, um an diesem «bösen» Objekt all das zu destruieren, was die Philosophie an unheilvollen Folgen auf dem Gewissen hat und nicht zuletzt in Hitler einen teuflischen Vollstrecker fand. Nur einige Konturen dieses Schwarzweißbildes können hier nachgezeichnet werden.

Zunächst und vor allem: Sokrates hatte in Athen keinen guten Ruf. Sein Leumund war miserabel. Aber dazu war er wegen einer bestimmten Weisheit gekommen. «Wegen was für einer Weisheit? Es handelt sich, denke ich, um eine Weisheit von menschlichem Maß. Ja wirklich: es könnte sein, daß ich in diesem Umfang weise bin.»[213] Dafür rief er die Pythia, das Delphische Orakel, als eine Zeugin an, die rätselhaft wahrgesagt hatte: «Niemand ist weiser als Sokrates.» Doch diese Weisheit bestand paradoxerweise in nichts anderem als im Selbstbewußtsein des eigenen Nichtwissens. Im Vergleich zu all den anderen (Politikern, Dichtern und Handwerkern), deren scheinbares Wissen Sokrates immer wieder hartnäckig auf die Probe stellte, war er tatsächlich «um eine Kleinigkeit weiser, eben darum, daß ich, was ich nicht weiß, auch nicht zu wissen glaube». Es war für Sokrates recht vergnüglich, die Leute herauszufordern, die sich für weise hielten, ohne es wirklich zu sein. Kein Wunder, daß sie ihn deshalb zu hassen begannen und schließlich zum Tode verurteilten. Gerade für diese Haltung aber liebte ihn Popper, diesen Nörgler und Störenfried, der nicht mit der Mode ging und keinen politischen Trends folgte. Denn in seinem fallibilistischen Selbstbewußtsein, das jedes angemaßte sichere Wissen auf menschliches Maß zurechtstutzte, entsprach dieser Weiseste dem wahren Geist der Wissenschaft: *Der Geist der Wissenschaft ist der Geist des Sokrates.*[214] Jedes wissenschaftliche Wissen ist, wie Popper schon in der *Logik der Forschung* begründet hatte, eine Form des sokratischen Nichtwissens.

Sokrates' Schüler Platon gab die sokratische These von unserem Nichtwissen auf, und damit auch die sokratische Forderung nach intellektueller Bescheidenheit.[215] Sein Ideal der Philosophie war nicht mehr der bescheidene Sucher, sondern der stolze Besitzer der Wahrheit. Als ein geübter Dialektiker war er fähig, die ewigen und göttlichen Ideen zu sehen und mit ihnen in Verbindung zu treten. *Platons idealer Philosoph ist fast allwissend und allmächtig. Er ist der königliche Philosoph.*[216] An die Stelle eines bescheidenen rationalen Individualisten trat ein totalitärer Halbgott. Auf diese Weise gab Platon dem Ausdruck «Philosoph» eine neue Bedeutung: der Philosoph ist der Seher der göttlichen Welt der Ideen, der an ihrer Wahrheit teilhat. *Seit Platon ist der Größenwahn die am weitesten verbreitete Berufskrankheit der Philosophen.*[217]

Diese semantische Verlagerung vom Nichtwissen zum Wissen wurde besonders deutlich bei der Beantwortung der Frage: «Wer soll herrschen?» Zwar haben sowohl Sokrates als auch Platon verlangt, daß der Staatsmann weise sein soll. Aber das bedeutete für beide etwas Grundverschiedenes. Für Sokrates hieß es, daß der Staatsmann sich seiner Unwissenheit bewußt sein soll; für Platon hingegen, daß er ein gelehrter Philosoph zu sein hat. Und während sich Sokrates darauf beschränkte, als ein individualistischer «Privatmann» aufzutreten, als ein «Zitterrochen»[218], der die selbstsicheren Herrscher in Verlegenheit brachte und

Platon.
Hermenbüste im
Vatikan (Sala delle
Muse), Rom

ihnen elektrische Schläge versetzte, inthronisierte Platon seinen königlichen Philosophen, den er nach seinem eigenen Bild entwarf und zum Führer eines idealen Staatswesens stilisierte. *Welch ein Monument menschlicher Kleinheit ist diese Idee des königlichen Philosophen! Welch ein Gegensatz zwischen ihr und der Einfachheit und Menschlichkeit des Sokrates, der den Staatsmann vor der Gefahr warnte, von seiner eigenen Macht, Vortrefflichkeit und Weisheit geblendet zu werden.*[219]

Im Kontext seiner Kritik des platonischen Führerprinzips hat Popper zugleich eine Wende vollzogen, die er später als seine eigentliche Leistung auf dem Gebiet der politischen Philosophie herausstellte. Er hat Platons Grundfrage «Wer soll den Staat regieren?» zurückgewiesen und durch eine andere ersetzt: *Wie können wir politische Institutionen so organisieren, daß es schlechten und inkompetenten Herrschern unmöglich ist, allzugroßen Schaden anzurichten?*[220] Damit hat er die Aufmerksamkeit auf das institutionelle Problem der demokratischen Kontrolle gelenkt und neue Antworten ermöglicht. Während nämlich die platonische Frage in den machtpolitischen Widerstreit autoritärer Antworten führen mußte (regieren soll der Starke, der Philosophenkönig, der Rat der Weisesten, das Parlament der Repräsentanten der Besitzenden und Gebildeten, das Volk, die Mehrheit, das Proletariat etc.), stellte sich für Popper das Problem, *wie man am besten großes Unheil verhindern kann (wenn auch nicht mit Sicherheit)*[221]. Für dieses Problem aber gibt es eine einfache Lösung: indem man ohne Blutvergießen absetzen kann, wer auch immer regieren mag. Das unterscheidet eine offene, demokratische Gesellschaft von jeder Form der Tyrannei, selbst von der Tyrannei der Volksherrschaft.

Sokrates war kein Politiker. Er war ein unbequemer Lehrer, der seine Ratschläge nur den einzelnen erteilte, die er aufsuchte. Immer war er bemüht, sie zur erschütternden Selbsterkenntnis ihrer Fehlbarkeit zu bringen. Auch wenn er ein Kritiker Athens und seiner demokratischen Institutionen war, so war es doch *der unmittelbar persönliche Aspekt der offenen Gesellschaft, der ihn interessierte*[222], einer Gesellschaft, in der sich die Individuen persönlichen Entscheidungen und Verantwortungen ausgesetzt sehen. Deshalb hielt Sokrates es auch für seine Pflicht, *die Unzulänglichkeit und Windbeutelei einiger demokratischer Führer seiner Zeit bloßzustellen*[223]. – Platon dagegen entwarf das Bild eines «besten Staates», der durch und durch undemokratisch war, das Ideal einer geschlossenen Gesellschaft, mit dem er die verlorengegangene Einheit des alten Stammeslebens wiederherzustellen versuchte. *Zurück zum ursprünglichen Staat unserer Vorväter, zurück zum primitiven Staat, der in Übereinstimmung mit der menschlichen Natur gegründet wurde und der daher beständig ist; zurück zum Stammespatriarchat der Zeit vor dem Niedergang, zur natürlichen Klassenherrschaft der weisen Wenigen über die unwissenden Vielen.*[224] Platons Prophezeiung der Wiederkehr des Goldenen Zeitalters, eines neuen tausendjährigen Reiches, zielte darauf, der politischen Veränderung Einhalt zu gebieten und der demokratischen Gesellschaft einen Riegel vorzuschieben.

Sokrates war an einer humanitären Gerechtigkeit interessiert, die jedem Individuum die gleichen Rechte und Pflichten vor dem Gesetz zugestand. Er war dabei *vielleicht der größte Apostel einer individualistischen Ethik, der je gelebt hat*[225]. Auch in dieser Hinsicht wählte ihn sich Popper zum Vorbild, dessen eigener Individualismus zu einem «Anarchismus» tendierte, der dem Staat so wenig Macht wie möglich zugestand: *denn ich bin ja der Ansicht, daß die Idee der Freiheit verlangt, daß sowenig wie möglich geherrscht werden und regiert werden soll. Sowenig wie möglich und sowenig, wie mit unseren Ideen der Gerechtigkeit und mit unseren Ideen der Gleichheit und der Freiheit vereinbar ist.*[226] – Dagegen stand Platons «totalitäre Gerechtigkeit». Voller Feindschaft gegen das Individuum, das auf dem Gebiet der Politik für Platon das Böse selbst war, galt ihm nur das als «gerecht», was im Interesse des besten Staates gelegen ist: daß nämlich «jede der drei Klassen ihrer eigenen Arbeit nachgeht», was kurz und bündig bedeutete, *daß der Staat gerecht ist, sobald nur der Herrscher herrscht,*

Ehepaar Popper im Garten ihres Hauses in Christchurch, 1940

Mit Colin Simkin in Neuseeland, 1945

der Arbeiter arbeitet und der Sklave front. Die demokratische Gleichheit aller Menschen vor dem Gesetz war Platons Erzfeind. In ihr sah er das größte Übel, das zur Zerstörung der geschlossenen Gesellschaftsordnung des Stammes geführt hatte. *Und was ist im Interesse des besten Staates gelegen? Daß alle Veränderung durch Aufrechterhalten einer strengen Klassenteilung und Klassenherrschaft zum Stillstand gebracht werde.*[227]

Nichtwissen gegen Wissensanmaßung, kritische Stichelei gegen Verkünden der Wahrheit, der Zitterrochen gegen den Philosophenkönig, der antiautoritäre Individualist gegen den autoritären Staatsgläubigen, humanitäre Gerechtigkeit gegen totalitäres Recht: Für Sokrates, gegen Platon!

Aus der Ferne und im Gewand einer philosophiegeschichtlichen Lektüre hatte Popper *Die offene Gesellschaft und ihre Feinde* geschrieben als seinen Beitrag zu den Kriegsanstrengungen gegen Hitler. Aber niemand wollte sein Manuskript, das er unter so schwierigen Umständen geschrieben hatte, veröffentlichen. (Auch für *Das Elend des Historizismus* war nur schwer ein Verlag zu finden gewesen. Die Zeitschrift «Mind» hatte das Manuskript abgelehnt, aber schließlich hat Friedrich A. von Hayek es 1944 und 1945 für seine Zeitschrift «Economica» angenommen. Erst 1957 erschien die erste englische Buchausgabe, 1965 dann ihre deutsche Übersetzung.) 1943 sandte Popper seine Kritik an Platon, Hegel und Marx an Freunde in den USA. Aber ein Verleger ließ sich dafür nicht

Deutsche V1-Rakete wird startklar gemacht

finden. *Nach fast einem Jahr, als ich weder ein noch aus wußte und in sehr bedrückter Stimmung war*[228], erklärte sich dann endlich der Verleger von Hayeks englischen Büchern bereit, das Manuskript zu veröffentlichen, an dem er so lange und gegen so viele Widerstände geschrieben hatte. *Nachdem verschiedene Verlage es abgelehnt hatten, wurde es schließlich in London gedruckt unter dem Angriff von Hitlers «Vergeltungswaffen»: V1 (unbemannter Bomber) und V2 (große Rakete). Es erschien 1945, als der Krieg in Europa zu Ende ging.*[229]

Im Winter 1944/45, als der Krieg in Europa sich seinem Ende zuneigte, kehrte Popper mit seiner Frau in einem bitterlich kalten Bus von einem Skiurlaub im Mount Cook zurück. Der Bus hielt an einem einsamen eingeschneiten Postbüro. Zu seiner Überraschung hörte er seinen Namen rufen, und irgend jemand übergab ihm ein Telegramm, *unterzeichnet von Hayek, der mir eine außerordentliche Professur (Readership) an der London School of Economics (ein Teil der Universität) anbot. [...] Von diesem Augenblick an konnte ich es kaum erwarten, Neuseeland zu verlassen.*

Das Schiff, auf dem Popper und seine Frau nach Europa zurückkehrten, erhielt Befehl, Kurs über Kap Horn zu nehmen. *Kap Horn war ein phantastisch und unvergeßlich schöner Anblick.*[230] Anfang 1946 kamen die beiden dann in England an, im Land Bertrand Russells und Winston Churchills, das sie so sehr liebten. Popper begann an der LSE zu arbei-

London bei Kriegsende: Zerstörungen bei St. Paul's Cathedral

ten. Dort wurde er 1949 ordentlicher Professor für «Logik und wissenschaftliche Methodenlehre». Jetzt konnte er sich endlich wieder dem widmen, was ihn wirklich beschäftigte. Denn im Grunde hatte ihn die Politik nie wirklich bewegt. *Sie ist nicht mein wirkliches Interesse. Was mich am meisten interessiert, das sind die Natur und die Naturwissenschaft. Also die Welt.*[231]

An der London School of Economics 1946–1969

Der glücklichste Philosoph

Mehr als zwanzig Jahre, bis zu seiner Emeritierung 1969, arbeitete Popper an der LSE. Es waren Jahre ungeheurer Produktivität und großartiger Erfolge. Unter anderem wurde er 1965 von Königin Elizabeth II. in den Ritterstand erhoben. Er befand sich im Zenit seiner Schaffenskraft und konnte all das in Angriff nehmen, was ihn wirklich herausforderte. Im Rückblick erschienen ihm diese Jahre als die glücklichsten seines Lebens. Im Wien der dreißiger Jahre war ihm der Weg zum Erfolg durch den Faschismus versperrt worden, und seine Kritik am Wiener Kreis hatte ihn zum Außenseiter gemacht. In Neuseeland hatte ihm die Universitätsbehörde jede Hilfe versagt und ihm nichts als Schwierigkeiten gemacht. Man betrachtete die Zeit, die er mit Forschen und Schreiben verbrachte, als Diebstahl an seiner Arbeitszeit als Dozent, für die er bezahlt wurde. Aber jetzt war er endlich frei, das zu tun, was er wollte, und diese Freiheit setzte eine geistige Energie frei, die ihn zu höchsten Leistungen antrieb.

Zwar habe ich, wie es niemandem erspart bleibt, Sorgen und Kummer erlebt, doch glaube ich nicht, daß ich als Philosoph eine unglückliche Stunde verbracht habe, seit wir nach England zurückgekehrt sind. (Dies wurde 1969 geschrieben.) Ich habe viel gearbeitet, und ich bin oft tief in unlösbare Schwierigkeiten geraten. Aber ich habe das Glück gehabt, neue Probleme zu finden, an ihnen arbeiten zu können und hier und da auch einige Fortschritte zu machen. Das ist, denke ich, die beste Art zu leben; unendlich viel besser als ein Leben bloßer Beschaulichkeit oder Kontemplation (ganz zu schweigen von der von Aristoteles gepriesenen göttlichen Selbstkontemplation). Es ist ein rastloses Leben, aber es ist in hohem Maße unabhängig; autark, im Sinne von Sokrates, obwohl natürlich kein Leben wirklich autark sein kann.

Weder meine Frau noch ich lebten gern in London; seit wir aber im Jahre 1950 nach Penn in Buckinghamshire gezogen sind, bin ich, so vermute ich, der glücklichste Philosoph, der mir je begegnet ist.[232]

Seine Lebensart blieb einfach. Popper scheute die Zerstreuungen des großstädtischen Lebens, und in der stillen Abgeschiedenheit seines Hauses in Buckinghamshire, auf zwei Morgen Land gebaut und hinter einer Privatstraße verborgen, konzentrierte er sich auf die Probleme, die er zu lösen versuchte, *ohne Fernsehapparat, ohne Tageszeitung, ganz absorbiert von meiner Arbeit*[233]. Doch diese Ruhe, die er brauchte, um sich der Lust des Philosophierens und Schreibens ganz hingeben zu können, war nur die Kehrseite einer intellektuellen Rastlosigkeit, die ihn vorwärtstrieb und zu einem der herausragenden Philosophen dieses Jahrhunderts werden ließ. Penn in Buckinghamshire, eine Zugstunde von London entfernt, war *damals ein sehr stiller und schöner kleiner Ort. Hier konnte ich mehr arbeiten als je vorher*[234]. Das Leben war schön, Poppers Geist in Aufruhr und seine körperliche Energie bewundernswert. Ein jüngerer Kollege berichtet: «Als Mann von sechzig Jahren pflegte er – zwei Stufen auf einmal nehmend – von der unteren U-Bahnstation hinaufzulaufen, während ich, ein junger Mann von 27 Jahren, atemlos nach Luft schnappend mich hinter ihm abmühte.»[235] Voller Dynamik preschte Popper vorwärts und wuchs dabei gleichsam über sich selbst hinaus. Er war glücklich. Es waren vor allem geistige Befreiungserlebnisse, die ihm größte Lust bereiteten. Das Finden neuer Probleme und der Fortschritt bei ihrer Lösung setzten einen Belohnungsmechanismus in Bewegung, der das praktische Ergebnis der Lösung und das kleinliche Gefühl des Prestigegewinns bei weitem überstieg.

Dabei war der Anfang in England nicht einfach gewesen. Er wurde zwar freundlich eingeladen, an Symposien teilzunehmen, oder hielt im Staff Club der LSE einen programmatischen Vortrag über die beiden Theorien der Erkenntnis – *Das Kübelmodell und das Scheinwerfermodell*[236] –, in dem er seine bereits am Wiener Pädagogischen Institut gewonnenen arbeitspädagogischen Einsichten philosophisch systematisiert hat. Auch seine *Offene Gesellschaft* war in England recht gut aufgenommen worden, weit über seine Erwartungen hinaus. *Trotzdem bestand kein Zweifel daran, daß meine Denkweise, meine Interessen und Probleme vielen englischen Philosophen wenig sympathisch waren.*[237]

Das lag nicht zuletzt an dem Einfluß, den Wittgensteins Philosophie in Großbritannien ausübte. Bereits in Wien war Wittgenstein eine Art *angebeteter Philosoph*[238] gewesen, der vor allem auf Schlick einen so mächtigen Einfluß ausgeübt hatte, daß ein entschiedener Wittgenstein-Kritiker wie Popper keinen Zugang zu seinem Zirkel finden konnte. Jetzt stieß er wieder mit ihm zusammen und mußte sich gegen die «Philosophie der Alltagssprache» zur Wehr setzen, die in England das philosophische Feld besetzt hatte. Wittgenstein war 1939 auf den philosophischen Lehrstuhl George Edward Moores in Cambridge berufen worden, und seine Wende zur philosophischen Untersuchung der natürlichen Sprache hatten viele englische Philosophen nachvollzogen. So stießen Poppers kosmologische Fragestellungen, die sich auf die Welt bezogen, zunächst nur auf geringe Resonanz.

1946

Am 26. Oktober 1946 fand eine bemerkenswerte Auseinandersetzung statt. Popper war vom Sekretär des Moral Science Club in Cambridge eingeladen worden, einen Vortrag über ein «philosophisches Puzzle» zu halten. Dahinter verbarg sich offensichtlich Wittgensteins neuentwickelte These, daß es in der Philosophie vordringlich um die Bekämpfung

Ludwig Wittgenstein, 1946

sprachlicher Mißverständnisse und um die sprachliche Auflösung philosophischer Vexierrätsel gehen sollte. Aber Popper war davon überzeugt, daß es echte philosophische Probleme gibt, die mit der Welt zu tun haben, mit unserem Wissen von ihr und mit unserer Stellung in ihr. Der Zusammenstoß mit Wittgenstein war unvermeidlich; und er war äußerst stürmisch. Die beiden Wiener boten ihren englischen Zuhörern ein unterhaltsames Schauspiel. Denn kaum hatte Popper bekannt, daß er kein Philosoph sein möchte, falls es nur um die Aufhellung sprachlicher Verwirrungen gehen sollte, sprang Wittgenstein auf und sprach lange über Puzzles und die Verhexungen des Verstandes durch die Mittel der Sprache. Da unterbrach ihn Popper und las eine vorbereitete Liste «echter» philosophischer Probleme vor, wie etwa: Erkennen wir die Welt durch unsere Sinne? Erlangen wir Erkenntnis durch Induktion? Wittgenstein tat sie als logische oder psychologische Fragen ab. Daraufhin verwies Popper auf das Problem, ob es Unendlichkeiten gebe, was Wittgenstein ins Feld der Mathematik verwies. Schließlich erwähnte Popper moralische Probleme und die Frage nach der Gültigkeit moralischer Regeln. *An diesem Punkt sagte Wittgenstein, der beim Feuer saß und nervös mit dem Schürhaken gespielt hatte, den er gelegentlich wie einen Dirigenten-*

stab benutzte, um seine Behauptungen zu unterstreichen: «Geben Sie ein Beispiel für eine moralische Regel!» Ich erwiderte: «Man soll einen Gastredner nicht mit einem Schürhaken bedrohen.» Darauf warf Wittgenstein ärgerlich den Schürhaken hin, stürmte aus dem Raum und schlug die Türe hinter sich zu.[239]

Nachdem Wittgenstein, zu Scherzen nicht aufgelegt, verärgert den Raum verlassen hatte, gab es noch eine anregende Diskussion, in der sich auch Bertrand Russell und Richard B. Braithwaite oft zu Wort meldeten. Doch weder Wittgenstein noch Popper ließ dieser Zusammenstoß in Ruhe. Denn bereits kurze Zeit nach Poppers Referat *Are there Philosophical Problems?* hielt Wittgenstein am 14. November 1946 im Moral Science Club seinen Vortrag «What philosophy is», in tiefer Verzweiflung über die absurde Stellung eines Philosophieprofessors. (1947 legte er seine Professur nieder und begab sich rückhaltlos ins Labyrinth der sprachlichen Verhexungen, von denen er die Philosophie befreien wollte. Er suchte – wie eine Fliege im Fliegenglas – nach Auswegen, oft niedergeschlagen und am Rande des Wahnsinns.) Popper dagegen war nach dieser Kontroverse um so mehr von der Relevanz der Probleme überzeugt, an denen er als glücklicher Philosoph voller Energie zu arbeiten begann.

Theoretical Biology Club, Oxford 1946: Karl Popper (Mitte) im Gespräch mit John Young, rechts daneben Peter Medawar

Immer wieder und meist mit polemischem Unterton wandte er sich dabei gegen jene sprachanalytischen Anstrengungen, die sich auf *unwichtige Vexierfragen* fixierten, *die aus einem Mißbrauch der Sprache entstehen («linguistic puzzles»)*.[240] Er ließ sich nicht ein auf das beliebte Spiel der Klärung von Wörtern. *Man sollte Diskussionen über die Bedeutung von Wörtern jederzeit wie die Pest meiden. Es war und ist dies ein beliebtes Spiel in der Philosophie: die Philosophen schienen der Idee verfallen, Wörter und ihre Bedeutung wären wichtig und der besondere Gegenstand der Philosophie.*[241] Popper jedoch wollte nie ein Spieler sein, und das Wort «Sprachspiel» gehört zu denen, die er wirklich haßt. Ihn interessieren nicht Worte, sondern Aussagen, die wahr sein können, hochentwickelte Theorien, die sich an der Wirklichkeit überprüfen lassen, schöpferische Gedanken, mit denen wir die Welt zu verstehen suchen. *Was uns wirklich interessiert, sind Tatsachenprobleme oder, mit anderen Worten, Probleme bezüglich Theorien und ihrer Wahrheit. Wir interessieren uns für Theorien und dafür, wie sie einer kritischen Diskussion standhalten; und unsere kritische Diskussion wird von unserem Interesse an der Wahrheit geleitet.*[242]

In den kommenden Jahren erhielt Popper zahlreiche Einladungen. Man war international auf ihn aufmerksam geworden. Auf vielen Tagungen und internationalen Kongressen hielt er die Eröffnungsvorträge, die ihn weit über die philosophische Spezialistengemeinschaft hinaus berühmt machten. Er sprach im Rundfunk, über *Kant* oder über das Verhältnis zwischen *Wissenschaft und Metaphysik*.[243] Er hielt weltweit Gastvorlesungen an fast allen renommierten Universitäten, von Europa bis Australien, von Japan bis in die USA. (Besonderen Eindruck hinterließ bei ihm eine Diskussion mit Albert Einstein, den er 1950 in Princeton/USA zum ersten Mal traf, wo Popper seine Überlegungen über den *Indeterminismus in der Quantenphysik und in der klassischen Physik*[244] vorgetragen hatte.) Neue Wege weisend war seine Herbert Spencer-Vorlesung 1961 *Die Evolution und der Baum der Erkenntnis* oder die Arthur Holly Compton-Gedächtnisvorlesung an der Washington University 1965 *Über Wolken und Uhren*.[245] Er sprach öffentlich über Liberalismus und Freiheit, Utopie und Gewalt, Humanismus und Vernunft, über Logik und Mathematik, über die Vorsokratiker, Berkeley und Einstein. Auch in wichtigen philosophischen Fachzeitschriften wurden Aufsätze von ihm veröffentlicht, in «Mind», in «Ratio», in «The British Journal for the Philosophy of Science» und in «The Philosophical Quarterly». Er traf sich mit den führenden Wissenschaftlern der Zeit und diskutierte mit ihnen über die ihn bewegenden Probleme. Er wurde Ehrenmitglied der berühmtesten Akademien, erhielt Ehrendoktorwürden und zahlreiche Auszeichnungen.[246] Und dann lehrte er ja auch noch an der LSE, arbeitete eng zusammen mit Friedrich von Hayek und Ernst Gombrich, und nicht wenige seiner Studenten wurden von ihm dazu angeregt, bedeutende Wissenschaftler oder Philosophen zu werden, unter anderem William

An der London School of Economics and Political Sciences, 1962

Warren Bartley III, Joseph Agassi, Ian C. Jarvie, John W. N. Watkins, Imre Lakatos, Thomas S. Kuhn und Paul Feyerabend.

Dabei war es vor allem seiner Frau zu verdanken, daß die gewaltige Arbeit, die Popper während dieser fruchtbarsten und glücklichsten Periode seines Lebens leistete, auch ihr öffentliches Lesepublikum fand. Denn während ihr Mann nur an der Weiterentwicklung seiner Ideen interessiert zu sein schien, drängte sie auf eine Veröffentlichung. Seine Frau war es, die Popper darauf aufmerksam machte, daß seine *Logik der*

Forschung seit langen Jahren nicht mehr erhältlich war *und daß, da ich die Ergebnisse der «Logik der Forschung» in meinen neueren Schriften voraussetzte, eine Übersetzung ins Englische sehr dringend geworden war.*[247] 1959 wurde *The Logic of Scientific Discovery* publiziert, mit der Widmung: *FÜR MEINE FRAU, die dafür verantwortlich ist, daß dieses Buch nach vielen Jahren wieder erschien.*

Auch die bedeutsame Aufsatzsammlung *Conjectures and Refutations*, 1963 veröffentlicht, die das breite Spektrum von Poppers Fragestellungen und Problemlösungen dokumentierte, ging wesentlich auf ihre Anregung zurück. *Meinen größten Dank schulde ich meiner Frau. Sie hat an dem Buch härter gearbeitet als ich selbst, und ihre scharfsinnige Kritik hat zu unzählbaren Verbesserungen geführt.*[248]

Während dieser produktiven Jahre sammelten sich zudem immer mehr Arbeiten an, in denen Popper seine Erkenntnistheorie der *Logik der Forschung* ausbaute, angeregt durch die neuesten Entwicklungen der theoretischen Physik. Zunächst hatte er nur vor, sie für einen Begleitband zur *Logic of Scientific Discovery* zu verwenden. Aber je länger er sich damit beschäftigte, desto umfangreicher wurde das Geschriebene. Von 1951 bis 1956 arbeitete er an seinem *Postscript*. Schließlich waren daraus drei umfangreiche Manuskripte geworden, die unter dem Titel *Postscript: After Twenty Years* publiziert werden sollten. Anfang 1957 erhielt Popper die Druckfahnen zur Korrektur. *Das Korrekturlesen von beiden Bänden wurde zu einem Alptraum. [...] Ich mußte mich anschließend an beiden Augen operieren lassen. Danach konnte ich das Korrekturlesen für längere Zeit nicht wieder aufnehmen.*[249] Eine Zeitlang konnte er kaum sehen, und viele seiner Freunde waren besorgt, daß er erblinden könnte.

Erst 1960 nahm er die Arbeit am *Postscript* wieder auf, unterstützt von seinem Kollegen an der LSE, W. W. Bartley III, der dann auch für die Herausgabe der drei Bände die Verantwortung übernahm. 1982, in dem Jahr, als Popper von der englischen Königin die Insignien eines «Companion of Honour» (C. H.) erhielt, erschien zunächst *Volume II: The Open Universe. An Argument for Indeterminism*, gefolgt von *Volume III: Quantum Theory and the Schism in Physics*, 1983 dann auch *Volume I: Realism and the Aim of Science*. Es waren drei Höhepunkte in Poppers philosophischem Lebenswerk, in denen all das zur Geltung kam, was er unter «Kosmologie» verstand, diesem einzigartigen Abenteuer des menschlichen Geistes, das er ins Zentrum der Philosophie zu rücken bestrebt war. Mit ihnen hat Sir Karl Popper, CH, der sprachanalytischen Philosophie sein Meisterwerk entgegengestellt und dokumentiert, was er im Vorwort zur englischen Ausgabe der *Logik der Forschung* 1959 so beschrieben hatte: *Die Sprachanalytiker glauben, daß es keine echten philosophischen Probleme gibt, oder daß die Probleme der Philosophie, wenn es solche überhaupt gibt, Probleme des Sprachgebrauchs und Fragen über*

Ende der sechziger Jahre

den Sinn oder die Bedeutung von Wörtern sind. Ich glaube jedoch, daß es zumindest ein philosophisches Problem gibt, das alle denkenden Menschen interessiert. Es ist das Problem der Kosmologie: das Problem, die Welt zu verstehen – auch uns selbst, die wir ja zu dieser Welt gehören, und unser Wissen.[250]

Uhren, Wolken, Würfelspiele

Aus dem kosmologischen Kontext der vielen Fragen, auf die Popper sich in seinem *Postscript* konzentrierte, soll hier nur ein Problem herausgegriffen werden: Folgt alles, was geschieht, den deterministischen Wenn-Dann-Gesetzmäßigkeiten in einem geschlossenen Universum? Oder gibt es einen Spielraum von Indeterminiertheiten, der die Welt offen sein läßt und nicht alle Ereignisse in der physikalischen Welt in allen ihren kleinsten Einzelheiten vorherbestimmt?

Schon in der *Logik der Forschung* hatte Popper sich mit dieser Frage beschäftigt, unter dem Eindruck der (Heisenbergschen) Unbestimmtheitsrelationen. Er war damals nicht bereit gewesen, aus den quantenmechanischen Unbestimmtheiten irgendwelche Zugeständnisse an eine indeterministische Physik oder Metaphysik abzuleiten. Auf keinen Fall wollte er jenes Suchen nach Gesetzen aufgeben, das er für eine Pflicht des Forschers hielt. Dabei machte es für ihn keinen wesentlichen Unterschied, ob diese Gesetze dazu dienen, exakte Einzelprognosen über singuläre Ereignisse zu deduzieren (Gesetze von «Kausalcharakter», von «deterministischem Charakter»), oder ob wir sie nur als statistische Gesetze formulieren, die Häufigkeitsprognosen ermöglichen. In beiden Fällen ist es *die Aufgabe des Naturforschers, nach Gesetzen zu suchen, die ihm die Deduktion von Prognosen ermöglichen*[251]. Auch wo der Zufall am Werk zu sein scheint, können Gesetzmäßigkeiten herrschen. Der Zufallscharakter eines einzelnen Würfelwurfs scheint zwar, wie auch der Fall eines singulären Quantenereignisses, Einzelprognosen unmöglich zu machen; aber er verbietet nicht, geeignete statistisch-objektive Gesetze zu suchen, die auch das Würfelspiel und seine Zufälle beherrschen. *Wir dürfen ja aus dem zufallsartigen Charakter einer Folge nicht einmal darauf schließen, daß ihre Glieder nicht prognostizierbar sind oder daß ein «Zufall» im subjektiven Sinn mangelnder Kenntnisse vorliegt, geschweige denn auf das objektive Fehlen von Gesetzen (im metaphysischen Sinn).*

In der zweiten deutschen Auflage der *Logik der Forschung* hat Popper zu dieser Stelle angemerkt, daß er hier eine metaphysische Theorie (eben wegen ihres metaphysischen Charakters) verwarf, *die ich nun in meinem Postscript eifrig verfechte, weil sie meiner Meinung nach neue Horizonte eröffnet, die Lösung bedeutsamer Schwierigkeiten verspricht und vielleicht wahr ist.*[252] Wie kam es zu dieser Horizontverschiebung? Um welche bedeutsamen Schwierigkeiten handelte es sich?

Es spricht einiges dafür, daß es vordringlich Poppers Kampf gegen den Historizismus und die Feinde der offenen Gesellschaft war, der zum Wechsel seiner Perspektive führte. Für diese Vermutung sind besonders zwei Indizien bedeutsam. Zum einen Poppers Hinweis, daß es ihm erst mit seiner 1950 veröffentlichten Arbeit über *Indeterminismus in der*

Quantenphysik und in der klassischen Physik gelungen sei, den Historizismus nicht nur als eine *armselige Methode, die keine Früchte trägt,* zurückzuweisen, sondern *aus streng logischen Gründen*[253] zu widerlegen (sie waren das Thema der Diskussion, die Popper in Princeton mit Einstein, dem überzeugten Deterministen, führte[254]); zum andern seine Absichtserklärung, daß er *The Open Universe* als eine Art *Prolegomena* zur Lösung des Problems menschlicher Freiheit und Kreativität schrieb (er wird mit dem Titel des Buches nicht zufällig an seine Verteidigung der *Open Society* erinnert haben). Zwar wollte er sich nicht auf die bloß verbalen Streitereien um Worte wie «frei», «Wille» und «Handlung» einlassen oder auf die unfruchtbare Sprachanalyse von Fragen wie: «Könnte ich anders gehandelt haben, als ich es tat?» – All das führte, in Poppers Verständnis, die moderne Philosophie nur *in den Morast der Sprachphilosophie*. Aus ihm sollte eine physikalische und kosmologische Analyse hinausführen, die zwar nicht von verbalen Untersuchungen abhing, aber dennoch auf den Menschen bezogen blieb. *Auf jeden Fall möchte ich hier etwas klarstellen, das sowohl in «Die offene Gesellschaft und ihre Feinde» als auch in «Das Elend des Historizismus» offensichtlich ist: daß ich zutiefst interessiert bin an einer philosophischen Verteidigung der menschlichen Freiheit, der menschlichen Kreativität und dessen, was traditionellerweise freier Wille genannt wird.*[255] Nur vor diesem Hintergrund erklärt sich die hartnäckige Energie, mit der sich Popper in den Widerstreit zwischen Deterministen und Indeterministen einmischte. Auch der Kosmologe, der an der Welt interessiert war, schrieb und dachte als sokratischer Moralist, Enthusiast und Individualist.

Um die Fronten dieses Streits zu klären, benutzte Popper bereits in seinem *Postscript, Volume II* zwei Bilder, die er dann in seinem Vortrag *Über Wolken und Uhren* zum Ausgangspunkt seiner Überlegungen machte.

Zur Charakterisierung des Determinismus, der in Newtons klassischer Mechanik eine wichtige Rolle spielte und philosophisch dann besonders von Pierre Simon de Laplace in seinem «Essai philosophique sur les probabilités» von 1814 zu einem wahren *Alptraum* weiterentwickelt worden war, griff Popper auf «Uhren» zurück. Die Welt ist für den Deterministen ein abgeschlossenes System, das wie ein riesiges ideales Uhrwerk funktioniert, in dem jedes physikalische Ereignis in ferner Zukunft (oder in weiter Vergangenheit) mit jedem beliebigen Grad von Genauigkeit vorhersagbar (oder rückwärts voraussagbar) ist, falls man nur genügend Kenntnisse über den gegenwärtigen Zustand der physikalischen Welt und ihre Gesetzmäßigkeiten hat. Hier war ein *Tagtraum der Allwissenheit* am Werk, *der mit jedem Fortschritt der Physik wirklicher zu werden schien, bis er zu einem scheinbar unausweichlichen Alptraum wurde.*[256] Jedem, dem an menschlicher Freiheit gelegen war, mußte dieser Laplacesche Determinismus *bedeutsame Schwierigkeiten* bereiten.

Auf die andere Seite stellte Popper seine «Wolken» als Bild physikalischer Systeme, die wie Gase in hohem Maße ungeordnet und mehr oder weniger unvorhersehbar sind. Wolken galten ihm als Prototypen eines physikalischen Indeterminismus, demzufolge nicht alle Ereignisse in der physikalischen Welt in ihren Einzelheiten vorherbestimmt sind.

Den Widerstreit selbst konnte Popper nun mittels zweier einfacher Fragen profilieren: Sind alle Wolken Uhren, wie es der Determinist behauptet? Oder sind alle Uhren Wolken, wie es der Indeterminist annimmt? Seine Antwort war entschieden: Es gibt nur Wolken mit sehr verschiedenen Graden der Wolkenhaftigkeit. Auch die genauesten Uhren sind in ihrem Lauf nicht völlig vorausbestimmbar, und wenn wir sie näher und näher untersuchen würden, *so würden wir entdecken, daß sie eigentlich Elektronenwolken sind oder Wolken von Elementarteilchen, die nicht voll vorausbestimmt sind und in denen alle möglichen Dinge geschehen, die nicht vorauszusehen sind; daß also nur die makroskopische Größe der Uhr uns dazu verhilft, eine Uhr als einigermaßen vorausbestimmt anzusehen*[257].

Alle Uhren sind Wolken! Das war die indeterministische Grundüberzeugung Poppers, für die er nun alle Argumente zusammensuchte, die er finden konnte. Er suchte sie in der Quantenmechanik und in der Philosophie von Charles Sanders Peirce. Er las noch einmal Newtons Schriften, kritisch gegen ihre übliche deterministische Interpretation, und entdeckte auch in dessen klassischer Mechanik indeterministische Elemente. (*Newton selbst kann zu den wenigen Abweichlern des Newtonianismus gerechnet werden, denn er betrachtete selbst das Sonnensystem als unvollkommen und daher wahrscheinlich vergänglich. Wegen dieser Ansichten wurde er der Gotteslästerung beschuldigt: er habe «die Weisheit des Schöpfers der Natur in Zweifel gezogen».*[258]) Popper bemühte sich, die logische Schwäche aller denkbaren Argumente für den Determinismus nachzuweisen. Er durchdachte, was bei Quantensprüngen und bei radioaktivem Atomzerfall (Halbwertszeit) wirklich der Fall ist, bei Versicherungsstatistiken über durchschnittliche Lebenserwartungen, beim Roulette- oder Würfelspiel, bei Landés Gedankenexperiment der «Blade runner»-Kugeln, die mit einer Wahrscheinlichkeit von 50 : 50 rechts oder links einer gerade gerichteten Klinge hinunterfallen können[259], und bei der berühmten «Schrödinger-Katze», die unter dem Einfluß radioaktiver Zerfallszeit das erstaunliche Schicksal erleidet, zugleich tot und lebendig sein zu können.[260]

Immer stärker drängte sich Popper dabei die Vermutung auf, daß es sich im Falle des Indeterminismus, der in all diesen Fällen wirksam zu sein scheint, nicht um subjektive Begrenzungen unseres möglichen Wissens handelt, sondern tatsächlich um eine objektive Indeterminiertheit der Realität selbst. Um sie erklären zu können, entwarf Popper seine eigene Theorie, *die vielleicht den bedeutsamsten Wandel meiner Ansichten*

In den siebziger Jahren

seit 1934 markiert[261] und ihn bis heute beschäftigt: seine Theorie der *Propensitäten*. Sie entwickelte sich zunächst aus Poppers objektiver Interpretation des mathematisch-statistischen Wahrscheinlichkeitskalküls, die von seinem Schüler Paul Feyerabend Anfang April 1957 auf einem

Symposium in Bristol über Quantentheorie vorgetragen wurde.[262] Ihr neuer Hauptgedanke war, daß *Propensitäten* als physikalisch-reale Verwirklichungstendenzen aufgefaßt werden können, als objektiv existierende physikalische Möglichkeiten in komplexen situationalen Arrangements. Statistische Stabilitäten wurden nun nicht mehr, wie von rein probabilistischen oder statistischen Theorien, als Ausdruck unseres fragmentarischen Wissens verstanden, sondern physikalisch interpretiert als Erscheinungen verborgener, aber dennoch existierender Verwirklichungstendenzen in einem offenen Universum. *Wechselnde Propensitäten sind objektive Prozesse, und sie haben nichts zu tun mit unserem Mangel an Wissen.*[263] Es handelt sich vielmehr um objektive Möglichkeiten, die dem physikalischen (und metaphysischen) Indeterminismus seinen Spielraum lassen und die Welt in ihrer kreativen Offenheit zu verstehen helfen.

Im *Metaphysischen Epilog* seines *Postscripts III* hat Popper seine Propensitätskonzeption zusammengefaßt in einem Spruch, mit dem er sich an die *konzise Sprechweise der ionischen Kosmologen* anlehnte: «*Alles ist Propensität.*» («*Everything is a propensity*») – *Indeterminismus und die Propensitätstheorie der Wahrscheinlichkeit erlauben uns, ein neues Bild der physikalischen Welt zu malen. Diesem Bild entsprechend [...] sind alle Eigenschaften der physikalischen Welt dispositional, und der tatsächliche Zustand eines physikalischen Systems kann, in jedem Augenblick, als die Gesamtsumme seiner Dispositionen begriffen werden – oder seiner Potentialitäten, seiner Möglichkeiten, seiner Propensitäten.*[264]

Später wird Popper sich damit nicht mehr zufriedengeben. *Indeterminismus ist nicht genug.* Der Nachweis, daß die physikalische Welt dispositional, offen und indeterminiert ist, *reicht nicht aus, um für die menschliche Freiheit genügend Raum zu schaffen: er genügt nicht, um menschliche Freiheit verständlich zu machen.*[265] Dazu ist es notwendig, die physikalische Welt 1 zu verlassen und andere Welten ins Spiel zu bringen: die Welt 2 der subjektiven Bewußtseinszustände und die Welt 3 der objektiven Erzeugnisse des schöpferischen menschlichen Geistes. Vordringlich in diesen Welten wird Popper sich mit seinem Spätwerk bewegen.

Der Positivismusstreit fand nicht statt

Bevor wir Popper auf diesem Weg folgen, wollen wir noch einen Augenblick bei jenen zwei Kontroversen verweilen, die für das verzeichnete Bild «Popper» verantwortlich sind, das in der philosophisch interessierten Öffentlichkeit vorherrscht. Es hat wenig mit Popper zu tun.

Am 13. Juli 1965 fand am Bedford College in London ein Symposium statt unter dem Titel «Kritik und Erkenntnisfortschritt» (Criticism and the Growth of Knowledge). Sir Karl Popper leitete die Diskussion. Thomas S. Kuhn von der Princeton University hielt das Eröffnungsreferat, in dem er seine eigenen Vorstellungen des Forschungsprozesses, wie er sie 1962 in «Die Struktur der wissenschaftlichen Revolutionen» entwickelt hatte, «mit den besser bekannten Ansichten unseres Vorsitzenden Sir Karl Popper» verglich. Kuhn kannte diese Ansichten nicht nur aus Büchern und Aufsätzen, sondern auch aus erster Quelle. Er hatte bereits 1950 Poppers William James-Lectures in Harvard gehört und war zu dieser Zeit auch einer der aktivsten und kritischsten Teilnehmer von Poppers Seminar an der LSE gewesen. «Diese Umstände ermöglichen es mir nicht mehr, genau anzugeben, was ich Sir Karl zu verdanken habe.»[266] Einer der Streitpunkte bestand darin, daß Kuhn Poppers Bild der wissenschaftlichen Forschung nur für außergewöhnliche, revolutionäre Perioden angemessen fand, in denen ein vorherrschendes «Paradigma» durch ein neues verdrängt wird. Kuhn stellte dagegen sein Konzept einer «Normalwissenschaft», die sich gerade durch die Abwesenheit dessen auszeichnet, was Popper für so wichtig hielt: Entwurf kühner Hypothesen und Risikobereitschaft zur Widerlegung.

Während Popper schon 1932 – in seinem Brief an Egon Friedell – darauf hingewiesen hatte, daß *die Krise der Normalzustand einer hochentwickelten rationalen Wissenschaft* ist, und diese Auffassung später immer weiter ausbaute und untermauerte, hielt Kuhn das krisenlose und kritiklose Aufräumen in einem paradigmatisch abgesicherten Forschungsbereich für «normal»: «Meiner Ansicht nach hat also Sir Karl das ganze wissenschaftliche Unternehmen in einer Weise charakterisiert, wie sie eigentlich nur auf die Wissenschaft in revolutionären Perioden paßt. [...] Um die Ansicht von Sir Karl auf den Kopf zu stellen: Charakteristisch für den Übergang zur Wissenschaft ist eben die Tatsache, daß man die kritische Diskussion verabschiedet. [...] Verläßt man sich auf das Überprüfen als auf das Kennzeichen echter Wissenschaft, so verliert man aus dem Auge, was die Wissenschaftler meistens tun, und damit verkennt man auch die bezeichnendsten Züge dieses Unternehmens.»[267]

Mit dieser wissenschaftssoziologischen und -psychologischen Normalisierung konnte sich Popper absolut nicht einverstanden erklären. Zwar hielt er Kuhns Kritik für *eine der interessantesten, denen ich bisher begegnet bin.* Er gestand ihm zu, daß er selbst den Unterschied zwischen «Normalwissenschaft» und «außerordentlicher (revolutionärer) Wissenschaft» nur verschwommen gesehen hatte. Auf diese Weise wurden *meine Augen sozusagen geöffnet, eine Reihe von Problemen zu erblicken, die ich früher nicht ganz klar gesehen hatte.*[268] Ja, es gibt eine «Normalwissenschaft», wie Kuhn sie schilderte: die Haltung des nicht allzu kritischen Professionellen, der das vorherrschende Dogma des Tages akzeptiert und nur dann eine neue Theorie akzeptiert, wenn es Mode wird, sie anzuerkennen, nachdem viel Propaganda um sie herum gemacht wurde.

Sir Karl Popper, 1973

Aber für diesen Normalwissenschaftler brachte Popper keine besondere Sympathie auf: *Meiner Meinung nach ist ein solcher «normaler» Wissenschaftler, wie ihn Kuhn beschreibt, eine bemitleidenswerte Person. [...] Er wurde schlecht unterrichtet. Man hat ihn in einem dogmatischen Geiste erzogen; er ist ein Opfer der Unterweisung, die ihm zuteil wurde. [...] Aber ich möchte doch die Ansicht vertreten, daß wenige Wissenschaftler – wenn überhaupt welche –, die man aus der Geschichte der Wissenschaft kennt, jemals in Kuhns Sinne «normal» waren.*[269] Popper verwies auf Charles Darwin und Ludwig Boltzmann. (In einer späteren Entgegnung auf Kuhns Kritik hat er dann eine Liste von zwanzig Beispielen zusammengestellt, um zu dokumentieren, daß die erfinderische Kühnheit und kritische Risikobereitschaft für ernstzunehmende Wissenschaftler typisch sind. Sie reichte von Leukipp über Kepler bis zu Einstein und Yukawa. In ihrer Arbeit zeigt sich, was es heißt, Forscher zu sein.[270])

Kuhn hatte, Popper zufolge, *einen Irrtum begangen, indem er behauptet, daß seine «Normalwissenschaft» in der Tat normal sei.* Er hat allein das Bild jener bedauernswerten Personen gezeichnet, die darauf abgerichtet worden sind, nur das zu akzeptieren, was ohne Kopfzerbrechen brauchbar ist. Sie existieren zwar, und ihre Zahl scheint zuzunehmen. Doch Popper war nicht bereit, das gutzuheißen, im Gegenteil: *Das ist eine Gefahr für die Wissenschaft, ja auch für unsere Zivilisation. Darum halte ich es für so wichtig, daß Kuhn die Existenz dieser Art von Wissenschaft hervorgehoben hat.*[271]

Ganz anders und mit völlig verkehrten Fronten verlief die Debatte in Deutschland, die als «Positivismusstreit» berühmt geworden ist. In ihr wurde Popper als ein Denker denunziert, der apologetisch dem herrschenden System zu seiner philosophischen Legitimation verhalf. Gegen jedes emanzipatorische, radikal kritische Denken soll er einen «szientifischen Empirismus» favorisiert haben, der nur technisch verwertbare Theorien zuließ, einem völlig restringierten Erfahrungsbegriff zu alleiniger Geltung verhalf und jede selbstkritische Reflexion abschnitt.

Im Oktober 1961 fand in Tübingen eine Tagung der «Deutschen Gesellschaft für Soziologie» zum Thema «Die Logik der Sozialwissenschaften» statt. Popper eröffnete mit seinem Referat die Diskussion. Theodor W. Adorno hielt das Korreferat. Der Dialektiker stimmte dem kritischen Aufklärer weitgehend zu. Es kam zu keiner wirklichen Auseinandersetzung, und viele beklagten «die fehlende Spannung zwischen den beiden Hauptreferaten und -referenten»[272]. Dabei wollte es Adorno nicht bewenden lassen, und so kam es in den folgenden Jahren zu einer (besonders in der «Kölner Zeitschrift für Soziologie und Sozialpsychologie» geführten) Auseinandersetzung mit «dem Positivismus», in der besonders Adorno und Jürgen Habermas gegen ihr positivistisches Feindbild zu Felde zogen. Nur Popper nahm daran nicht teil, und er hätte sich in dem Papiertiger auch nicht wiedererkannt, gegen den die Dialektiker, mit Hegel im Hintergrund, ankämpften. Er war doch, schon seit seinen Wiener Lehr- und Studienjahren, alles andere als ein «Positivist», und der Vorwurf des selbstherrlichen «Szientismus» traf allenfalls jenen Kuhnschen Normalwissenschaftler, den Popper als große Gefahr sah und nur bemitleiden konnte.

So war er auch äußerst überrascht, als Adorno die Buchveröffentlichung «Der Positivismusstreit in der deutschen Soziologie» 1969 mit zwei

Theodor W. Adorno, 1967

zusammen etwa hundert Seiten langen *aggressiven Polemiken*[273] einleitete, die dialektisch alles mögliche angriffen, nur nicht Poppers Wissenschaftstheorie und Sozialphilosophie. Er entdeckte keine Ähnlichkeit zwischen seinen Intentionen und der positivistischen Physiognomie, welche der wortgewaltige Dialektiker für seinen verhaßten Gegenspieler entwarf: «Kern der Kritik am Positivismus ist, daß er der Erfahrung der blind herrschenden Totalität ebenso wie der treibenden Sehnsucht, daß es endlich anders werde, sich sperrt und vorliebnimmt mit den sinnverlassenen Trümmern, die nach der Liquidation des Idealismus übrig sind. [...] Das Glück der Erkenntnis soll nicht sein. [...] Besinnungslose Aufklärung schlägt in Regression um. [...] Die Repression, welche der positivistische Geist sich selbst bereitet, unterdrückt, was ihm nicht gleicht. [...] Der jüngste Positivismus ist der verwalteten Welt auf den Leib geschrieben.»[274] Positivistischer Anti-Intellektualismus, dogmatischer Szientismus, restringierte Erfahrung, Triumph der reinen Logik, Affirmierung des herrschenden Gesellschaftssystems, Kapitulation vor der Macht, Diffamierung der Phantasie, verdinglichtes Bewußtsein, Reflexionslosigkeit etc. – Popper sah in diesen Vorwürfen der Dialektiker nur eine blinde Polemik, die voller Ignoranz all das mißachtete, wofür er selbst ein Leben lang gestritten hatte. *Adorno und Habermas sind alles eher als klar in ihrer Kritik meiner Position. Um es kurz zu sagen: Sie glauben, daß meine Erkenntnistheorie, da diese (wie sie glauben) positivistisch ist, mich dazu zwingt, den sozialen «status quo» zu verteidigen. Oder: mein (angeblicher) erkenntnistheoretischer Positivismus zwingt mir einen moralisch-juridischen Positivismus auf. (Das war meine Kritik von Hegel.) Sie haben leider übersehen, daß ich zwar ein (nichtrevolutionärer) Liberaler bin, daß aber meine Erkenntnistheorie eine Theorie des Wachstums der Erkenntnis durch intellektuelle und wissenschaftliche Revolutionen ist. (Durch große neue Ideen.)*

Zweifellos glaubte Popper gute Gründe zu haben, mit diesen Dialektikern nicht diskutieren zu wollen. *Das alles (der ganze «Positivismusstreit») ist ja nur ein Eiertanz von einer geradezu grotesken Unwichtigkeit.*[275] Aber dieser Tanz hat doch entscheidend dazu beigetragen, daß Popper in Deutschland jenen Ruf eines affirmativen Positivisten erhielt, der an ihm haften blieb. Ernsthaft setzte man sich kaum mit seiner Philosophie auseinander, und auch Albrecht Wellmers 1967 erschienene scharfsinnige Analyse von Poppers Wissenschaftslehre hat nur die Vorurteile bestärkt, die von den Dialektikern gegen den verachtenswerten «Positivisten» vorgebracht worden waren. «Das aufklärerische Interesse Poppers erkennt sich selbst als vernünftig nicht an; es opfert sein Recht den irrationalen Zwängen einer subjektlosen, zum Mythos erstarrten Welt.»[276] Wie sollte da Popper anders entgegnen als ad hominem: *Herrn Wellmers Aufgabe war es, die «Logik der Forschung» zu lesen – da die anderen Frankfurter dazu die Zeit nicht hatten – und zu widerlegen.*

Zusammenfassung des Ganzen: Obzwar ich fast immer an scharf bestimmten wissenschaftlichen Problemen arbeite, so geht durch meine Arbeit ein roter Faden: f ü r kritische Argumente – g e g e n leere Worte und gegen die intellektuelle Unbescheidenheit und Anmaßung.[277] Davon aber wimmelte es im sogenannten «Positivismusstreit», der eigentlich gar nicht stattgefunden hat.

Das Spätwerk

Die Entdeckung der Welt 3

Zwanzig Jahre lang hat Popper an der LSE als Professor für «Logik und wissenschaftliche Methode» gelehrt und geforscht. Doch er hat für sich niemals jene autoritäre Exklusivität in Anspruch genommen, die für das elitäre Selbstbewußtsein so vieler Vertreter einer akademischen Philosophie kennzeichnend ist. Er lehnte, im Geist des Sokrates, jede anmaßende Unbescheidenheit einer intellektuellen und philosophischen Elite ab, die sich vor allem in der Universität ihren Platz gesichert hat. Sein lebenslanges Philosophieren hing nie von Institutionen ab.

Auch nach seiner Emeritierung 1969 gab Popper nicht auf, was ihn seit seiner Jugend intellektuell rastlos und geistig autark sein ließ. *Ich habe das Glück gehabt, neue Probleme zu finden, an ihnen zu arbeiten und hier und da auch einige Fortschritte zu machen.*[278] Für dieses mögliche Glück hat Popper in seinem Spätwerk eine grundlegende Erklärung zu finden versucht. Aber er suchte sie nicht auf dem Weg einer subjektiven Selbstreflexion, sondern mittels einer allgemeinen Theorie der menschlichen Kreativität. Zwar hielt er persönlich seinen Lebens- und Denkstil für *die beste Art zu leben,* aber er wollte ihn in einem kosmologischen Zusammenhang verstehen lernen. Er wollte nun endlich wissen, wie es zu den kostbaren und erstaunlichen Schöpfungen des freien menschlichen Geistes kommen konnte. Davon handelt das Spätwerk Poppers, sein Entwurf einer evolutionären Erkenntnistheorie.

Hatte Popper sich in den fünfziger Jahren hauptsächlich auf dem Gebiet der theoretischen Physik bewegt, um bereits hier Raum zu schaffen für einen physikalischen und metaphysischen Indeterminismus, so reichte ihm das nun nicht mehr. Indeterminismus der physikalischen Welt ist nicht genug, um die Kreativität des Lebens verstehen zu können, die in der menschlichen Freiheit schöpferischer Arbeit ihren Höhepunkt findet. Die Werke Beethovens und Mozarts können nicht angemessen gewürdigt werden, solange man die Welt nur als physikalische Wirklichkeit betrachtet.

Am 25. August 1967 hielt Popper in Amsterdam einen Vortrag, in dem er zum ersten Mal jenes Thema anklingen ließ, das ihn bis heute vordringlich beschäftigt. Er begann mit dem Bekenntnis, daß er zwar *ein sehr glücklicher Philosoph*[279] sei, sich aber keine Illusionen darüber mache, was man in einer kurzen Vorlesung vermitteln kann. Er wolle seine Zuhörer nicht überzeugen, sondern nur anregen und nach Möglichkeit herausfordern. (*Denn ich glaube, daß es für einen Vortrag nur e i n e Rechtfertigung gibt: daß er eine Herausforderung an die Zuhörer ist. Nur darin kann der Vorzug der persönlichen Rede gegenüber dem gedruckten Wort bestehen.*[280]) Hauptgegenstand seines Vortrags mit dem provozierenden Titel *Erkenntnistheorie ohne erkennendes Subjekt* war, *was ich mangels eines besseren Namens oft «die dritte Welt» nenne.*[281] Zur Erläuterung dieses Ausdrucks brachte er eine triadische Unterscheidung ins Spiel.

Die «erste Welt» ist die Welt der physikalischen Gegenstände und Zustände, das Universum aller materiellen «Dinge», die man als physikalisch-real begreifen kann: Sterne, Häuser, Tische, Bücher, Zahnkaries, Staubpartikel, Moleküle, Atome. Auch Tiere und Menschen gehören zu

Bei der Verleihung des Dr. Leopold Lucas-Preises in Tübingen, 26. Mai 1981.
Rechts der Präsident der Tübinger Universität, Adolf Theis

dieser Welt, sofern man sie verdinglicht als bloße Körper versteht. – Die «zweite Welt» ist die Welt der psychischen Zustände und subjektiven Empfindungen: Zahnschmerzen gehören dazu, sinnliche Vorstellungen, Glücks- und Erschöpfungszustände, das leidenschaftliche Gefühl der Liebe und des Hasses, aber auch intellektuelle Denkprozesse und Geisteszustände. Auch sie sind real, was sich besonders daran zeigt, daß sie mit körperlichen Realitäten in Wechselwirkung stehen. – Zu den Bewohnern seiner «dritten Welt» zählte Popper die Erzeugnisse des menschlichen Geistes: Gedanken, sprachliche Aussageinhalte, theoretische (wahre oder falsche) Systeme, erklärende Mythen, wissenschaftliche Probleme, kritische Argumente, Werke der Kunst und des sozialen Zusammenlebens. Sie bilden, ihm zufolge, ein eigenständiges Universum, das weder rein physikalisch verstanden werden kann noch mit der Welt subjektiver Bewußtseinszustände identifiziert werden darf. Auch dieses Universum ist «wirklich» und steht mit den anderen Welten in komplizierten Wechselwirkungszusammenhängen: Während die physische Welt auf die psychische Welt eine direkte Wirkung ausüben kann (das Loch im Zahn evoziert Zahnschmerzen) und die zweite Welt umgekehrt auch unmittelbar auf die erste Welt einwirken kann (man will die Zahnschmerzen loswerden und läßt den Zahn plombieren), sind die erste und die dritte Welt nur über die Vermittlung der zweiten Welt in Verbindung (das theoretische Wissen der Zahnheilkunde, das in medizinischen Fachbüchern objektiviert ist, kann nur dann technisch zum Erfolg führen, wenn es durch die Kenntnisse und praktisch erworbenen Handlungsdispositionen des Dentisten vermittelt wird).

Um mißliebige Assoziationen zu vermeiden, sprach Popper, angeregt durch John Eccles, seinen alten Freund aus der neuseeländischen Zeit[282], lieber von Welt 1, 2 und 3. Vor allem die Welt 3 rückte er dabei ins Zentrum. Er stellte sie unter anderem 1968 in seinem Wiener Vortrag *Zur Theorie des objektiven Geistes* vor; diskutierte sie im September 1974 ausführlich mit Sir John Eccles, während sie sich mit ihren Ehefrauen in der Villa Serbolloni am Comer See aufhielten und über *Das Ich und sein Gehirn* klar zu werden versuchten; argumentierte für sie am 25. Mai 1983 auf dem Wiener Symposium, das aus Anlaß seines 80. Geburtstages veranstaltet wurde[283]; und auch in seinem letzten Vortrag an der LSE (9. Juni 1989) über eine *Evolutionary Theory of Knowledge*[284] spielte sie eine Rolle.

Viele Philosophen haben sich entsetzlich darüber aufgeregt, daß Popper von drei Welten zu sprechen begann und auch seiner Welt 3 Objektivität und, bis zu einem gewissen Grade, «Autonomie» zuschrieb. *Aber es ist etwas ganz Einfaches und braucht gar nicht mit irgendeiner philosophischen Theorie direkt in Verbindung gebracht werden*[285], entgegnete Popper. Doch er verschwieg nicht, daß er die Welt 3 nicht allein entdeckt hatte. Er bedankte sich bei Platon, der eine eigenständige Welt der Ideen konzipiert hatte, die nicht mit dem subjektiven Wissen verwechselt werden darf; bei Hegel und seiner Theorie des objektiven Geistes; bei Bernard Bolzano, der in seiner «Wissenschaftslehre» von Sätzen und Wahrheiten «an sich» gesprochen hatte; bei Gottlob Frege, der seine «Gedanken» in einem «dritten Reich» angesiedelt hatte; bei seinem früheren Lehrer Karl Bühler, der 1926 die Darstellungsfunktion der Sprache in die Psychologie eingeführt hatte, um sie aus ihrer Beschränkung auf subjektive Erlebnisse (Introspektionismus) oder bloße Verhaltensweisen (Behaviorismus) zu befreien und für die «Gebilde des objektiven Geistes»[286] zu öffnen. Auch Heinrich Gomperz, den Popper am Pädagogischen Institut Wien kennengelernt hatte und mit dem er schon als Student intensiv über die Psychologie des Erkennens und der Forschung diskutierte, wird ihn mit seiner Unterscheidung der drei zusammenhängenden Wirklichkeitsebenen – des Physischen, des Psychischen und des Logisch-Ideellen – beeinflußt haben.

Doch während Platon seine Ideenwelt vergöttlichte und entzeitlichte, Hegel seinen objektiven Geist für allmächtig erklärte und den Menschen nur zu dessen Werkzeug oder Medium marginalisierte und auch die anderen Philosophen sich über den Status der Welt 3 recht unklar äußerten, hat Popper von vornherein klargestellt: die Welt 3 ist ein *Erzeugnis des Menschen*[287], das einer geschichtlichen Entwicklung unterliegt und «darwinistisch» betrachtet werden kann. Oft hat er in seinem Spätwerk dabei auf Karl Bühler verwiesen, bei dem er schon während seiner Studienzeit am Wiener Pädagogischen Institut sehr viel gelernt hatte. Damals hatte er Bühlers lernpsychologische Analyse des Erfindens wegen ihrer Relevanz für die Schulreform bewundert. Jetzt griff er auf dessen «Sprachtheorie» (1934) zurück, in der Bühler den größten Wert auf die Darstellungsfunktion der Sprache gelegt hatte, die sich nicht auf ihre expressive Ausdrucksfunktion und signalisierende Appellfunktion reduzieren läßt. Sprache als Mittel der Darstellung ermöglicht es, mit Sätzen, die wahr oder falsch sein können, Sachverhalte zu symbolisieren, die auch nur gedanklich gegeben sein können und nichts mehr mit der unmittelbaren Situation zu tun haben, in der sich sprachbegabte Menschen befinden. Hierin sah auch Popper den entscheidenden Unterschied zur Tiersprache. *Bühler lehrte, daß die beiden niederen Funktionen den menschlichen und tierischen Sprachen gemeinsam sind, während die dritte Funktion die menschliche Sprache charakterisiert.* Aber er ergänzte die Bühlersche Triade durch eine vierte, die «argumentative» Funktion der Sprache, wie sie in ihrer höchsten Entwicklungsstufe in einer «kritischen» Diskussion auftritt. *Die argumentative Funktion der Sprache wurde besonders wichtig für mich, weil ich in ihr die Grundlage von allem kritischen Denken sah.*[288] Vor allem sie ist für die Veränderungen in der Welt 3 verantwortlich und ermöglicht, mit nichts anderem vergleichbar, den Kampf um Ideen und mit Ideen.

Mit Friedrich August von Hayek, 1982

Wir also sind es, die die Gegenstände der Welt 3 erschaffen. Sie sind Ergebnisse unserer schöpferischen Tätigkeit, auch wenn sie uns gleichsam über den Kopf wachsen und in ihrer Autonomie *übermenschlich in dem Sinne* werden, *daß ihre Inhalte mögliche und nicht wirkliche Gegenstände des Denkens sind, sowie in dem Sinne, daß nur eine endliche Anzahl aus den unendlich vielen möglichen Gegenständen jemals wirklich Gegenstand des Denkens werden können.*[289] Was wir geschaffen haben, bildet einen Selbständigkeitsbereich, den wir niemals voll ausschöpfen oder begreifen können.

Als ein Standardbeispiel für diese Situation greift Popper gern auf ein Beispiel aus der Zahlentheorie zurück. Die Folge der natürlichen Zahlen 1, 2, 3 … ist eine menschliche Schöpfung, aber sie führte schon Euklid zu einer Entdeckung, die ein schwieriges Problem beinhaltete. Als er feststellte, daß der Abstand zwischen den Primzahlen gewöhnlich immer größer wird, je weiter wir in der Zahlenreihe fortschreiten, stellte sich ihm die Frage, ob es eine größte Primzahl und danach keine mehr gibt. Er hatte ein Problem entdeckt, das in der Welt 3 der Zahlen existierte, und konnte es gedanklich lösen. *Die Existenz von Primzahlen (und die Gültigkeit von Euklids Theorem, daß es keine größte Primzahl gibt) ist etwas, was wir entdecken. Es ist da, und wir können es nicht ändern. Es ist eine unbeabsichtigte und unerwartete Konsequenz jener von uns gemachten Erfindung der natürlichen Zahlen. Und es ist eine notwendige*

*Konsequenz; wir kommen um sie nicht herum.*²⁹⁰ Mit unserer eigenen Erfindung der natürlichen Zahlenfolge haben wir zugleich auch eine objektive Welt der Primzahlen und ihrer Probleme geschaffen. In ihr begeben wir uns auf Entdeckungsreise. So aber geht es uns mit fast allen Objekten der Welt 3.

Zahlreiche solcher Beispiele hat Popper vorgestellt und an ihnen aufzuklären versucht, worin die eigentümliche schöpferische Leistung des menschlichen Geistes besteht. Die Antwort war einfach: als einzigem Lebewesen auf der Erde gelingt es dem Menschen, eine autonome Welt 3 zu schaffen, die sowohl die physikalische Welt als auch den psychischen Bereich der subjektiven Erlebnisse, Empfindungen und Bewußtseinszustände transzendiert. Dem menschlichen Sprachvermögen kommt dabei eine entscheidende Rolle zu. *Genauer gesagt, ich betrachte die Welt 3 der Probleme, Theorien und kritischen Argumente als eine auf der Evolution der menschlichen Sprache beruhende und auf diese Evolution und auf uns selbst zurückwirkende Welt.*²⁹¹ Damit ist das Stichwort gefallen. Popper bot für seine Welt 3 eine evolutionstheoretische Erklärung an.

Er schlug vor, mit einem biologisch-evolutionistischen Ansatz an das Problem heranzugehen. In seinem Spätwerk hat er all das, was ihn als aktiven Problemlöser seit frühester Kindheit fesselte, eingegliedert in eine Weltgeschichte des Lebendigen und die emergenten Stufen rekonstruiert, die schließlich zur faszinierenden Welt 3 geführt haben. Das kann hier nicht weiter ausgeführt werden. Nur aus Poppers Vorwort, mit dem er im Frühjahr 1989 seine Vorträge und Aufsätze aus dreißig Jahren – *Auf der Suche nach einer besseren Welt* – eingeleitet hat, soll seine eigene Zusammenfassung zitiert werden. Sie läßt sich lesen als ein Resümee der Anstrengungen, die Popper lebenslang arbeiten ließen, rastlos und autark: *Jeder Organismus ist dauernd damit beschäftigt, Probleme zu lösen. Und die Probleme entstehen aus Bewertungen seines Zustandes und seiner Umwelt, die er zu verbessern versucht. Der Lösungsversuch stellt sich oft als irrig heraus, er führt zu einer Verschlechterung. Dann folgen weitere Lösungsversuche, weitere Probierbewegungen. So kommt mit dem Leben – schon mit dem der Einzeller – etwas völlig Neues in die Welt, etwas, das es vorher nicht gab: Probleme und aktive Problemlösungsversuche; Bewertungen, Werte; Versuch und Irrtum. Vermutlich unter dem Einfluß von Darwins natürlicher Auslese entwickeln sich vor allem die aktivsten Problemlöser, die Sucher und die Finder, die Entdecker neuer Welten und neuer Lebensformen.*²⁹²

Leben ist Problemlösen. Damit sind alle Organismen permanent, Tag und Nacht, beschäftigt. Und oft finden sie auch eine Lösung. In dieser Hinsicht besteht, evolutionstheoretisch gesehen, kein großer Unterschied zwischen Einzeller und Einstein. *Von der Amöbe zu Einstein ist sozusagen nur ein Schritt.*²⁹³

Aber in einer anderen Hinsicht war dieser Schritt doch von ungeheurem Ausmaß. Denn er führte den Menschen zu Problemen und Lösungsversuchen in einer völlig neuen Welt. Er ließ ihn in die Welt 3 der darstellenden und argumentativen Sprache eintreten, in die Welt der wissenschaftlichen Theorien und künstlerischen Werke. In ihr, die er selbst geschaffen hat, lernte er sich zu bewegen, neugierig, aktiv und mit kritischer Aufmerksamkeit. Zwar konnte bereits die Amöbe versuchen, aktiv ihre Probleme zu lösen. Doch Einstein war in der Lage, zur Lösung eine Theorie zu entwerfen, die er zugleich einer kritischen Widerlegung aussetzte, um aus der Entdeckung seiner Irrtümer etwas lernen zu können. *Das führte mich zu der Formulierung: der Hauptunterschied zwischen Einstein und einer Amöbe ist der, daß Einstein bewußt auf Fehlerbeseitigung aus ist. Er versucht, seine Theorien zu widerlegen: er verhält sich ihnen gegenüber bewußt kritisch und versucht sie daher möglichst scharf, nicht vage zu formulieren. Dagegen kann sich die Amöbe nicht kritisch gegenüber ihren Erwartungen oder Hypothesen verhalten, weil sie sich ihre Hypothesen nicht vorstellen kann: sie sind ein Teil von ihr. (Nur objektive Erkenntnis ist kritisierbar; subjektive wird es erst, wenn sie sich objektiviert, und das tut sie, wenn wir sie a u s s p r e c h e n , besonders wenn wir sie a u f s c h r e i b e n oder d r u c k e n .)*[294]

Die Seele und die Schrift

Mit dieser Verschiebung vom Subjektiven zum Objektiven hat Popper auf die ungeheure Bedeutung der Schrift für das wissenschaftliche Wissen und philosophische Nachdenken hingewiesen. Es ist die Welt 3 des Geschriebenen/Gedruckten, in der er sein Glück als Philosoph gefunden hat. Lesen und Schreiben gehören nicht zufällig zu seinen Lieblingsbeschäftigungen. Bleibt für die meisten Philosophen das Verhältnis zwischen Philosophie und Schriftlichkeit im verborgenen (wozu Platons Kritik am entsubjektivierten und entsituationalisierten Status des Geschriebenen entscheidend beigetragen hat), so hat Popper uns vor Augen geführt, daß die Ideenevolution der Wissenschafts- und Philosophiegeschichte nicht hätte stattfinden können ohne die schriftliche Fixierung der Gedanken. *Geschriebenes ist dem Gesprochenen vorzuziehen, und Gedrucktes ist noch besser.*[295] Denn während das Sprechen weitgehend situational gebunden bleibt und nur in konkreten Gesprächszusammenhängen funktioniert, findet mit der Verschriftlichung eine mehr oder weniger dauerhafte Objektivierung statt, die den Gedanken einer kritischen, überindividuellen Argumentation zugänglich macht. Poppers Welt 3 des objektiven Geistes ist vor allem eine Welt der Bücher.

Mit der Entdeckung dieser Welt hat Popper in seinem Spätwerk zugleich ein Problem zu lösen versucht, das nicht nur für ihn zu jenen *tief-*

Aber ich interpretiere Parmenides ganz anders als Sie und die meisten: Nur das Unbewegliche ist real, alles andere ist Illusion: das Leben, die Bewegung/die Liebe, das Licht, die Wärme, die schöne Sternenwelt, ist Illusion. Die Dichtung ist Illusion. Aber die Kälte, die vom Eise gebundene Wirklichkeit ist das Unbewegliche — der Tod. Meine Interpretation ist also die direkte Umkehrung der Ihren. Auch hat für mich Parmenides NICHTS mit Sprachphilosophie zu tun. Er ist Naturwissenschaftler und Dichter. Natürlich war er auch Logiker. Aber kein Spieler.

Was mich betrifft, so habe ich nie etwas geschrieben, das nicht einem echten, dringenden Problem gewidmet war — in letzter Linie, den Problem des Totalitarianismus und des Krieges: der <u>Violence</u> (das englische Wort paßt besser als "Gewalt"; aber das ist kein Problem der Sprachanalyse — nur der praktischen Kommunikation. Mit herzlichem Dank Ihr Karl Popper

Aus einem Brief Poppers an den Autor, 4. März 1993

gründigen Rätseln[296] gehört, die den Menschen staunen lassen, solange er denken kann: das Leib-Seele-Problem. *Es ist ein ungeheuer schwieriges Problem*[297], und Popper war bescheiden genug zuzugeben, daß auch er keine endgültige Lösung anbieten kann. Aber er hat doch auf dieses altehrwürdige Problem ein neues Licht fallen lassen, indem er die Welt 3 ins Spiel brachte.

Schon als junger Psychologe in Wien war er auf dieses Rätsel gestoßen, und viele Jahre erschien es ihm als ein *hoffnungsloses Problem*. Es schien ihm zwar klar zu sein, daß der Mensch ein Ich, ein Selbst, eine Seele besitzt, *daß wir Freude und Trauer erfahren, Hoffnung und Furcht, von Zahnschmerzen nicht zu reden; daß wir denken, in Worten wie auch in Schemata [...]; daß wir ein Buch mit mehr oder weniger Interesse und Aufmerksamkeit lesen.*[298] Und er war sich auch sicher, daß weder die Neurophysiologie noch eine physikalische Verhaltenswissenschaft für diese Phänomene eine hinreichende Erklärung zu liefern in der Lage sind. Aber er sah keine Aussicht, dieses Problem einer Lösung näherzubringen.

Bereits 1954 deutete sich jedoch eine neue Perspektive an. Popper richtete die Aufmerksamkeit auf die Sprache. Angeregt durch Bühlers Sprachtheorie wies er darauf hin, daß die darstellende und argumentative Funktion der menschlichen Sprache sich einer physikalistischen (kausal-deterministischen) Erklärung grundsätzlich entzieht. Denn sie setzt voraus, daß wir «wissen», wie Zeichen und Bezeichnetes zusammenhängen, Aussagen und Tatsachen, Sprache und Welt. *Da keine kausale Realisierung der Namen-Relation möglich ist, ist keine kausale physikalische Theorie der deskriptiven und argumentativen Funktionen der Sprache möglich.*[299] (Jede solche Theorie kann allenfalls die niederen tierischen Funktionen des Ausdrucks und des Signals zu erhellen versuchen.)

In seinem langen Gespräch mit Sir John Eccles über *Das Ich und sein Gehirn* hat Popper 1974 dann größten Wert auf die Welt 3 gelegt, um das Leib-Seele-Problem genauer konturieren und mögliche Lösungsvorschläge diskutieren zu können. Er verstand sich nun nicht mehr als Dualist oder gar als Monist, der Physis und Psyche zu identifizieren bereit war. Er war ein überzeugter *Trialist* geworden, wie er dann in seinem Kamingespräch am 21. Februar 1983 mit Konrad Lorenz hervorhob: *Ich bin ein Trialist. Nicht ein Dualist, sondern ein Trialist. Ich sage nicht nur, daß es einen Leib und eine Seele in dem Sinn gibt, zum Beispiel, daß wir jetzt sehr wach sind, aber auch schlafen, wobei unsere Seele eine ganz andere Rolle spielt, als wenn wir wach sind, sondern ich sage, daß unser Sprechen, unser Schreiben etwas Drittes schafft, nämlich die Produkte unserer geistigen Tätigkeit. Diese Produkte unserer geistigen Tätigkeit haben ein Feedback, eine Rückwirkung, auf unsere Seele, die so stark ist, daß darin der Hauptunterschied zwischen der menschlichen und der Tiersprache zu finden ist. [...] Es ist nämlich ganz unabschätzbar, wie sehr wir von unse-*

Im Gespräch mit Ernst Gombrich, 1987

ren Produkten abhängig sind, zum Beispiel von unserem Sprechen, vor allem von unserem Sprechen, vom Schreiben, vom Gedruckten, das wir lesen...[300]

Alles hängt von dieser Wechselwirkung ab, die zwischen der subjektiven Gedankenarbeit und ihren objektiven Ergebnissen besteht. Die Seele des Menschen ist zugleich Initiator und Effekt der Welt 3, die nirgends besser verobjektiviert ist als in der unerschöpflichen Welt des Geschriebenen. Popper philosophiert von den Erzeugnissen her, nicht aus subjektivistischer Perspektive. Nur wenn wir uns auf die von uns geschaffenen Produkte unseres Geistes beziehen, können wir verstehen lernen, was es mit diesem Geist auf sich hat.

Popper war in einer Welt der Bücher großgeworden. In der väterlichen Bibliothek stand er zum ersten Mal vor dieser Objektivierung des menschlichen Intellekts. Hier war etwas, das nicht nur (als Welt 1-Objekt) aus schwarzen Flecken auf weißem Papier bestand, sondern das verobjektivierte Welt 3-Wissen aus der traditionsreichen Geschichte der Menschheit enthielt. Emma Goldberger, die ihn das Lesen lehrte, öffnete ihm den Zugang zu dieser Welt. Sie ließ *die Möglichkeit des Verstanden- und Gedeutetwerdens, die aus etwas ein Buch macht*[301], für ihn zur Wirklichkeit werden.

Angeregt durch Herbert Feigl entdeckte er dann den unschätzbaren Reiz, selbst philosophische Bücher schreiben zu können. Zunächst glaubte er noch, daß die Idee, ein Buch zu schreiben und es zu veröffent-

Lady Josefine, 1982

Mit Richard von Weizsäcker, 1992

lichen, seinem Lebensstil nicht entsprach. Am liebsten wollte er mit seiner Frau Ski fahren und bergsteigen oder ein guter Lehrer sein. Aber die kritische Auseinandersetzung mit den beiden Grundproblemen der Erkenntnistheorie fand nur im Geschriebenen ihren angemessenen Ort. Bei dem Versuch, seine Gedanken niederzuschreiben, merkte er oft, daß er sie noch nicht klar erfaßt hatte; und je mehr er schrieb und das Geschriebene immer wieder korrigierte auf der Suche nach einem besseren Ausdruck, desto stärker wurde er sich auch seiner Gedanken bewußt und konnte sich an ihrer objektivierten Form selbst gedanklich weiterentwickeln und kritisieren. Schreibend wuchs er gleichsam über sich selbst hinaus.

Helmut Schmidt besucht Sir Karl, 1993

Nichts hat den philosophierenden Schriftsteller Popper so sehr begeistert wie die Beziehung zwischen uns und unseren Werken und die Frage, was wir daraus gewinnen können. Alles hängt für ihn von dem Geben und Nehmen zwischen uns und unseren Werken ab, die wir zur Welt 3 beisteuern.

So ziehen wir uns an unseren Haaren aus dem Sumpf des Unwissens; so werfen wir ein Seil in die Luft und steigen daran hoch – wenn es an irgendeinem noch so schwachen Zweiglein Halt findet. Der Unterschied zwischen unseren Bemühungen und denen eines Tieres oder einer Amöbe ist nur der, daß unser Seil in einer dritten Welt kritischer Diskussion Halt finden kann: einer Welt der Sprache, der objektiven Erkenntnis.[302] *Wenn ich recht habe mit der Vermutung, daß wir nur durch die Wechselwirkung mit der Welt 3 wachsen und zu einem Selbst werden, dann ist der Gedanke tröstlich, daß wir alle zu dieser Welt beitragen können, wenn auch vielleicht nur wenig. Er ist besonders tröstlich für jemanden, der glaubt, im Kampf mit Ideen und um Ideen sein Glück gefunden zu haben.*[303]

Jetzt sitzt er am Schreibtisch in seinem ruhig und im Grünen gelegenen Haus in Kenley, südlich von London, in das er 1986 nach dem Tod seiner Frau umgezogen ist. Er ist über neunzig Jahre alt, hat jedoch nichts von seiner geistigen Energie verloren. Er hört ein wenig schwer. Aber er liest viel, macht Musik, diskutiert kritisch und enthusiastisch mit seinen Besuchern und – schreibt: über die Vorsokratiker und den Kosmos, über das

Im Gespräch
mit dem
Dalai-Lama,
1993

Leben als Problemlösen, über Quantentheorie und Propensität, über Begegnungen in seinem Leben und aktuelle Probleme der Politik.

Als junger Tischlerlehrling hatte er noch mit dem Problem zu kämpfen gehabt, *wie man an einem Schreibtisch arbeiten und sich gleichzeitig mit Erkenntnistheorie beschäftigen kann*[304]. Als Schreibtisch- und Lehnstuhlphilosoph hat er es lösen können. *An Lehnstühlen ist nichts Abwegiges. Sie sind ausgezeichnete Sitzgelegenheiten gewesen für Kepler, Newton, Maxwell und Einstein; für Bohr, Pauli, de Broglie, Heisenberg und Dirac;*

und für Schrödinger bei seinen physikalischen wie auch seinen biologischen Spekulationen. Ich spreche mit Emotion, weil ich nicht einmal ein Lehnstuhlbiologe bin, sondern etwas noch Schlimmeres – ein bloßer Lehnstuhlphilosoph.[305] Mit Duldsamkeit und intellektueller Bescheidenheit leistet er seinen Beitrag zur Welt 3. Noch immer ist er auf der Suche nach jenem Bess'ren, für das ihm, schon vor Sokrates, der alte Xenophanes das Stichwort geliefert hat:

«Nicht vom Beginn an enthüllten die Götter den Sterblichen alles.
Aber im Laufe der Zeit finden wir, suchend, das Bess're.»

Karl Popper

Am 17. September 1994 starb Sir Karl Popper.

Anmerkungen

Siglen der zitierten Bücher Karl Poppers

GE: *Die beiden Grundprobleme der Erkenntnistheorie.* Aufgrund von Ms. aus d. Jahren 1930–1933, hg. von Troels Eggers Hansen. Tübingen 1979
LdF: *Logik der Forschung.* Tübingen 1969, 3., verm. Aufl.
OG I: *Die offene Gesellschaft und ihre Feinde: Der Zauber Platons.* Tübingen 1992, 7. überarb. Aufl.
OG II: *Die offene Gesellschaft und ihre Feinde: Falsche Propheten.* Tübingen 1992, 7. überarb. Aufl.
EH: *Das Elend des Historizismus.* Tübingen 1965
C&R: *Conjectures and Refutations.* London 1972, 4th rev. ed.
OE: *Objektive Erkenntnis.* Hamburg 1973
A: *Ausgangspunkte.* Hamburg 1979
PS I: *Postscript I: Realism and the Aim of Science*, ed. by W. W. Bartley III. London 1983
PS II: *Postscript II: The Open Universe*, ed. by W. W. Bartley III. London–New York 1982
PS III: *Postscript III: Quantum Theory and the Schism in Physics*, ed. by W. W. Bartley III. London 1982
IuG: *Das Ich und sein Gehirn* (zus. mit John C. Eccles). München–Zürich 1982
OG-OU: *Offene Gesellschaft – Offenes Universum* (ein Gespräch mit Franz Kreuzer). München–Zürich 1986
SBW: *Auf der Suche nach einer besseren Welt.* München 1991, 6. Aufl.
WP: *A World of Propensities.* Bristol 1990
IW: *Ich weiß, daß ich nichts weiß – und kaum das.* Frankfurt a. M.–Berlin 1992, 2. Aufl.
ZO: *Die Zukunft ist offen.* München–Zürich 1993, 5. Aufl.

1 OG II, S. 483
2 SBW, S. 214
3 IW, S. 42
4 SBW, S. 213
5 Aufruf an die Europäer. In: Hamburger Abendblatt, 21.4.1993, S. 3
6 II. Buch Moses 32, 26–28
7 SBW, S. 215
8 OG II, S. 271
9 EH, S. VIII
10 SBW, S. 250
11 IuG, S. 652
12 SBW, S. 210
13 IuG, S. 653; Gespräch mit Popper am 5. Mai 1993
14 IuG, S. 21, mit Hinweis auf den «Beschluß» von Kants «Kritik der praktischen Vernunft»
15 A, S. 14
16 SBW, S. 149
17 A, S. 15, mit Bezug auf Kants «Kritik der reinen Vernunft» A 423
18 LdF, S. XIV
19 C&R, S. 136
20 OE, S. 191
21 OG-OU, S. 21
22 A, S. 4
23 A, S. 5
24 A, S. 4
25 A, S. 8
26 SBW, S. 117
27 A, S. 7
28 A, S. 266
29 A, S. 7
30 SBW, S. 117
31 A, S. 8
32 SBW, S. 117
33 SBW, S. 117
34 A, S. 71
35 A, S. 71
36 A, S. 84
37 A, S. 72
38 A, S. 3
39 SBW, S. 117
40 Selma Lagerlöf: Nils Holgerssons schöne Abenteuer mit den Wildgänsen. Frankfurt a. M.–Berlin 1992, S. 25
41 Ebd., S. 13
42 OE, S. 51
43 S. Lagerlöf: Nils Holgersson, a. a. O., S. 14
44 Ebd., S. 243
45 ZO, S. 88. Vgl. IuG, bes. S. 519 ff.
46 WP, S. 36
47 OG-OU, S. 92
48 S. Lagerlöf: Nils Holgersson, a. a. O., S. 255
49 A, S. 3
50 ZO, S. 13 f.
51 A, S. 9 f.
52 A, S. 9
53 A, S. 11
54 A, S. 39
55 ZO, S. 139
56 A, S. 40
57 A, S. 45
58 A, S. 40
59 A, S. 41
60 A, S. 42
61 C&R, S. 137
62 How the Moon (1992), S. 12
63 C&R, S. 137
64 How the Moon (1992), S. 12
65 SBW, S. 46
66 OE, S. 235 f.
67 A, S. 46
68 C&R, S. 34
69 Albert Einstein: Über die spezielle und die allgemeine Relativitätstheorie. Braunschweig 1917, S. 46
70 Zit. nach Johannes Wickert: Albert Einstein. Reinbek 1989, S. 79
71 OG-OU, S. 12
72 A, S. 45 f.
73 C&R, S. 37
74 C&R, S. 38
75 C&R, S. 35
76 A, S. 18
77 OG-OU, S. 6
78 SBW, S. 210
79 SBW, S. 49
80 C&R, S. 36
81 C&R, S. 34 f.
82 A, S. 48
83 OE, S. 13

84 A, S. 49
85 A, S. 49
86 A, S. 50
87 A, S. 51
88 SBW, S. 49
89 A, S. 80
90 A, S. 51
91 A, S. 38
92 A, S. 51
93 A, S. 44
94 A, S. 50
95 A, S. 44
96 OG-OU, S. 8
97 A, S. 1 f.
98 A, S. 2
99 A, S. 99
100 ZO, S. 117
101 Aufruf der «Erziehungs- und Schulorganisation der Katholiken Österreichs». In: Schulreform 4 (1925), S. 262 f.
102 R. Dottrens: The New Education in Austria. New York, 1930, S. 202
103 Über die Stellung des Lehrers (1925), S. 206 f.
104 Ebd., S. 204
105 Ebd., S. 208
106 SBW, S. 104
107 A, S. 100
108 A, S. 114
109 A, S. 110
110 GE, S. V
111 A, S. 100
112 Karl Bühler: Die geistige Entwicklung des Kindes. Jena 1924, 4. Aufl., S. 9
113 Otto Glöckel: Die österreichische Schulreform. Wien 1923, S. 11
114 A, S. 68 f.
115 OE, S. 13; vgl. C&R, S. 50
116 A, S. 106
117 Die Gedächtnispflege (1931), S. 610
118 Ebd., S. 619
119 ZO, S. 52 f.; vgl. OE, S. 74 ff.
120 A, S. 70
121 Vgl. Manfred Geier: Der Wiener Kreis. Reinbek 1992
122 A, S. 109 f.

123 A, S. 112
124 A, S. 113
125 A, S. 113 f.
126 A, S. 114
127 GE, S. V
128 A, S. 118
129 A, S. 118
130 A, S. 108 f.
131 A, S. 123; vgl. C&R, S. 253 f.
132 Herbert Feigl: Inquiries and Provocations. Dordrecht 1981, S. 67
133 LdF, S. 254–256
134 GE, S. 421–439
135 A, S. 117
136 GE, S. 443
137 Vgl. PS III, S. 1
138 OE, S. 22
139 OG-OU, S. 68
140 OE, S. 113
141 Vgl. OE, S. 22
142 A, S. 125 f.
143 Heinrich Hertz: Gesammelte Werke Band I. Leipzig 1895, S. 340
144 PS III, S. 1
145 IW, S. 28
146 A, S. 133
147 PS II, S. 42
148 PS III, S. 5
149 A, S. 132; vgl. LdF, S. 174 ff.
150 LdF, S. XXIV
151 LdF, S. XXVI
152 LdF, S. XXVI; SBW, S. 50, 58, 98, 220; C&R, S. 26, 252; PS I, S. 11
153 A, S. 121
154 A, S. 123
155 A, S. 111
156 OG-OU, S. 38
157 A, S. 151
158 LdF, S. 256–258
159 A, S. 142
160 OE, S. 347
161 OE, S. 350
162 A, S. 137
163 OE, S. 350
164 GE, S. XXII
165 PS I, S. 5 f.
166 C&R, S. 226
167 OG II, S. 493

168 A, S. 157
169 A, S. 198
170 EH, S. VII
171 A, S. 153
172 A, S. 154; vgl. PS I, S. 12
173 A, S. 128 f.
174 Vgl. A. S. 161 ff.
175 OG II, S. 489
176 A, S. 163
177 OG I, S. IX
178 Platon: Nomoi, X. Buch, 908 a
179 OG I, S. XVII
180 Was ist Dialektik? In: Ernst Topitsch (Hg.): Logik der Sozialwissenschaften. Köln–Berlin 1965, S. 288
181 Ebd., S. 272
182 Ebd., S. 282
183 Ebd., S. 289
184 OE, S. 143
185 EH, S. IX
186 A, S. 159; vgl. OG I, S. IX
187 A, S. 162
188 OG II, S. 490
189 OG II, S. 94
190 OG II, S. 50
191 OG II, S. 35
192 OG II, S. 490
193 OG II, S. 387
194 OG II, S. 97
195 EH, S. 47
196 EH, S. 51
197 EH, S. VIII; vgl. OG I, S. 200
198 OG I, S. 188
199 OG II, S. 177 f.
200 EH, S. VIII
201 EH, S. 54
202 OG I, S. 6
203 A, S. 45
204 A, S. 2
205 OG I, S. 225
206 SBW, S. 195
207 GE, S. XV
208 SBW, S. 195
209 Platon: Apologie des Sokrates, 17
210 OG I, S. 42
211 OG I entstand als Erweiterung des 10. Abschnitts von EH, in dem Popper den platonischen «Essentialismus» kritisierte
212 OG I, S. 118
213 Apologie des Sokrates, 5
214 OG II, S. 286
215 GE, S. XV
216 OG I, S. 158
217 SBW, S. 196
218 Platon: Menon, 80 a 7
219 OG I, S. 185
220 OG I, S. 145; vgl. SBW, S. 57
221 IW, S. 9
222 OG I, S. 153
223 OG I, S. 153
224 OG I, S. 104
225 OG I, S. 154
226 OG-OU, S. 19
227 OG I, S. 108 f.
228 A, S. 169
229 OG I, S. IX
230 A, S. 172 f.
231 IW, S. 8
232 A, S. 181
233 SBW, S. 255
234 A, S. 189
235 William W. Bartley III: Ein schwieriger Mensch. In: Eckhard Nordhofen (Hg.): Physiognomien. Königstein 1980, S. 50
236 OE, S. 369–390
237 A, S. 175
238 IW, S. 30
239 A, S. 177; vgl. C&R, S. 67 ff.
240 A, S. 14
241 OE, S. 336
242 OE, S. 338
243 C&R, S. 137–147 bzw. S. 184–200
244 In: The British Journal for the Philosophy of Science 1 (1950), S. 117 bis 133, 173–195
245 OE, S. 283–312 bzw. S. 230–282
246 Vgl. PS II, S. 183–185
247 A, S. 216
248 C&R, S. VIII
249 A, S. 217
250 LdF, S. XIV
251 LdF, S. 194
252 LdF, S. 159

253 EH, S. XI
254 A, S. 185 ff.; vgl. PS II, S. 89 ff.
255 PS II, S. XXI
256 OE, S. 247
257 OG-OU, S. 94
258 OE, S. 236
259 Vgl. PS II, S. 100 ff.
260 A, S. 224 f.; vgl. Walter Meissner: Wie tot ist Schrödingers Katze? Mannheim u. a. 1992
261 PS I, S. 282
262 In: Stephan Körner (Hg.): Observation and Interpretation. London 1957, S. 65–70, 88–89
263 WP, S. 18
264 PS III, S. 159
265 PS II, S. 114
266 In: Imre Lakatos und Alan Musgrave (Hg.): Kritik und Erkenntnisfortschritt. Braunschweig 1974, S. 1
267 Ebd., S. 6, 7, 11
268 Ebd., S. 52
269 Ebd., S. 53
270 PS I, S. XXVI–XXX
271 In: Lakatos/Musgrave, a. a. O., S. 53
272 Ralf Dahrendorf. In: Theodor W. Adorno u. a.: Der Positivismusstreit in der deutschen Soziologie. Neuwied–Berlin 1969, S. 146
273 SBW, S. 79
274 Adorno: Einleitung. In: Adorno u. a., a. a. O., S. 22, 68
275 SBW, S. 109
276 Albrecht Wellmer: Methodologie als Erkenntnistheorie. Frankfurt a. M. 1967, S. 237
277 SBW, S. 108 f.
278 A, S. 180
279 OE, S. 123
280 A, S. 178
281 OE, S. 123
282 Vgl. John Eccles: Facing Reality. Berlin–Heidelberg–New York 1970
283 ZO, S. 74–97
284 WP, S. 27–51
285 ZO, S. 74
286 Karl Bühler: Die Krise der Psychologie. In: Kant-Studien 31 (1926), S. 459
287 OE, S. 178 ff.
288 A, S. 101
289 OE, S. 179
290 A, S. 270; vgl. OE, S. 135; IuG, S. 646 ff.; SBW, S. 33 f.
291 A, S. 271 f.
292 SBW, S. VII
293 OE, S. 375
294 OE, S. 37
295 A, S. 266
296 IuG, S. 14
297 ZO, S. 80
298 A, S. 273 f.
299 C&R, S. 198
300 ZO, S. 32
301 OE, S. 133
302 OE, S. 167 f.
303 A, S. 287
304 A, S. 2
305 OE, S. 299 f.

Zeittafel

1902 28. Juli: Karl Raimund Popper wird am Himmelhof in Ober Sankt Veit (Wien) geboren. Er ist, nach Dora und Annie, das dritte Kind des Rechtsanwalts Dr. Simon Siegmund Carl Popper und seiner Ehefrau Jenny, geb. Schiff

1907 Die Mutter liest ihren Kindern Selma Lagerlöfs «Wunderbare Reise des kleinen Nils Holgersson mit den Wildgänsen» vor, ein Buch, das Poppers Charakter entscheidend beeinflußt

1908 Popper lernt lesen und schreiben bei seiner ersten Lehrerin Emma Goldberger

1912 Beginn der Freundschaft mit dem Sozialisten Arthur Arndt; Wanderung mit den Monisten, Diskussionen über Marxismus und Darwinismus

1914 28. Juni: Ermordung des österreichisch-ungarischen Thronfolgerpaares in Sarajewo. 28. Juli: Kriegserklärung Österreich-Ungarns an Serbien. Beginn des Ersten Weltkriegs

1916 Albert Einstein: «Über die spezielle und die allgemeine Relativitätstheorie» (u. a. Voraussage der Lichtstrahlenablenkung im Schwerefeld der Sonne)

1917 Popper entdeckt die Vorsokratiker; er ist ein enthusiastischer Newtonianer

1918 Mitglied der Vereinigung sozialistischer Mittelschüler; Zusammenarbeit mit Alfred Adler an dessen Erziehungsstellen in Wiener Arbeitervierteln. 31. Oktober: Auflösung Österreich-Ungarns als Folge des verlorenen Krieges. Austritt Poppers aus der Mittelschule und Inskription an der Wiener Universität als außerordentlicher Hörer. Hungerwinter

1919 Frühjahr: Popper entscheidet sich, zur Avantgarde des Proletariats zu gehören, und wird Kommunist. Die Sozialdemokraten regieren im «roten Wien» (bis 1934). 28. Mai: eine Expedition der Royal Society of London unter Leitung von Arthur Stanley Eddington bestätigt bei totaler Sonnenfinsternis die Lichtstrahlenablenkung-Voraussage Einsteins. 15. Juni: in der Wiener Hörlgasse schießt die Polizei in eine Menge unbewaffneter Demonstranten. Disput mit Alfred Adler. Popper löst das «Abgrenzungsproblem» zwischen Wissenschaft und Nicht-Wissenschaft; Entwicklung einer kritischen Grundhaltung; im Winter verläßt Popper sein Elternhaus und zieht in das Grinzinger Barackenlager

1920 Gelegenheitsarbeiten (Straßenbau); Besuch von Vorlesungen über theoretische Physik, Mathematik und Philosophie; Lektüre Kants; Mitgliedschaft im «Verein für musikalische Privataufführungen» (Arnold Schönberg)

1921 Auseinandersetzung mit lernpsychologischen Problemen, vor allem mit dem Problem des Induktivismus. Ludwig Wittgenstein: «Logisch-philosophische Abhandlung»
1922 Beginn einer Tischlerlehre bei Meister Adalbert Pösch; Reifeprüfung als Privatschüler; Schüler am Wiener Konservatorium, Abt. Kirchenmusik; Beginn des Universitätsstudiums als ordentlicher Hörer. Moritz Schlick wird als Professor für Philosophie an die Wiener Universität berufen
1924 Gesellenbrief als Tischlerlehrling; Popper erwirbt an einer Lehrerbildungsanstalt die Befähigung, an Volksschulen zu unterrichten; Arbeit als Erzieher in einem Hort der Gemeinde Wien für sozial gefährdete Kinder
1925 Gründung des Pädagogischen Instituts Wien zur Unterstützung der österreichischen Schulreform (Otto Glöckel). Popper gehört zu den Studenten des ersten Jahrgangs und ist ein begeisterter Schulreformer; Studium bei Karl Bühler; Freundschaft mit Josefine Anna Henninger; erste Veröffentlichung: *Die Stellung des Lehrers zu Schule und Schüler*
1927 Abschlußarbeit am Pädagogischen Institut: «*Gewohnheit*» *und* «*Gesetzerlebnis*» *in der Erziehung*; Kritik an David Humes Konzept der Gewohnheitsbildung; Lösung des «Induktionsproblems»; verstärktes Interesse an der Wissenschaftslogik. Werner Heisenberg: Unbestimmtheitsrelationen; Niels Bohr: Komplementarität der Doppelnatur des Lichts als Welle und Partikel
1928 Teilnahme an Rudolf Carnaps Seminar; Dissertation: *Zur Methodenfrage der Denkpsychologie*; mündliche Doktorprüfung in Musikgeschichte, Philosophie (Schlick) und Psychologie (Bühler) «mit Auszeichnung». Rudolf Carnap: «Der logische Aufbau der Welt»
1929 Erwerb der Befähigung zum Lehramt in Mathematik, Chemie und Physik an Hauptschulen; Kontakte mit Victor Kraft, Herbert Feigl und anderen Mitgliedern des Wiener Kreises; Feigl regt Popper an, ein Buch über Wissenschaftslogik zu schreiben. Programmschrift «Wissenschaftliche Weltauffassung – Der Wiener Kreis»
1930 Beginn der Ausarbeitung des Manuskripts *Die beiden Grundprobleme der Erkenntnistheorie*; Auseinandersetzung mit der Quantentheorie; Anstellung als Hauptschullehrer; Heirat mit Josefine Anna Henninger
1931 Popper verteidigt die schulreformerische Praxis der Arbeitsschule gegen die reaktionären Verfechter einer konfessionellen Lernschule
1932 Abschluß des ersten Bandes über die beiden Grundprobleme der Erkenntnistheorie (das Induktionsproblem); Sommerwanderung mit Feigl und Carnap in den Tiroler Alpen
1933 4. März: Staatsstreich in Österreich. Abschaffung der parlamentarischen Verfassung zugunsten einer berufsständischen Ordnung unter Bundeskanzler Engelbert Dollfuß
1934 Februarkämpfe. Niederlage der Arbeiterbewegung. Verbot der Sozialdemokratie und Auflösung des Vereins Ernst Mach. 31. August bis 2. September: Prager Vorkonferenz zum «1. Internationalen Kongreß für Einheit der Wissenschaft», auf der Popper auch Alfred Tarski kennenlernt. November: *Logik der Forschung* in den «Schriften zur wissenschaftlichen Weltauffassung», hg. von Philipp Frank und Moritz Schlick; langes Winterabendgespräch mit Werner Heisenberg
1935 Alfred Tarski: «Der Wahrheitsbegriff in den formalisierten Sprachen».

Tarski erläutert Popper die Grundidee seines semantischen Wahrheitskonzepts; Vortrag Poppers in Karl Mengers «Mathematischem Kolloquium»; Beurlaubung als Lehrer und längerer Aufenthalt in England; Vorträge in London, Cambridge und Oxford; Begegnungen mit Erwin Schrödinger, George Edward Moore, Ernst Gombrich, Freddie Ayer, Gilbert Ryle, Friedrich August von Hayek

1936 Frühjahr: Treffen der Aristotelian Society in Cambridge; Popper attackiert Bertrand Russell; 21. – 26. Juni: «2. Internationaler Kongreß für Einheit der Wissenschaft» in Kopenhagen; Diskussionen mit Niels Bohr über dessen Deutung der Quantentheorie; im Juli verläßt Popper England und kehrt nach Wien zurück; Weihnachtsabend: Angebot einer Dozentur für Philosophie am Canterbury University College in Christchurch, Neuseeland

1937 Januar: Schiffsreise nach Neuseeland; April: Seminarpapier über *What is Dialectic?* Popper beginnt, seine Texte auf Englisch zu verfassen

1938 13. März: Nach Einmarsch deutscher Truppen «Anschluß» Österreichs an das Deutsche Reich. Popper entschließt sich, seinen philosophischen Beitrag zum Krieg zu schreiben: *Die offene Gesellschaft und ihre Feinde*

1939 23. August: Deutsch-sowjetrussischer Nichtangriffspakt. 1. September: Angriffskrieg Hitler-Deutschlands gegen Polen. Beginn des Zweiten Weltkriegs

1943 Abschluß des Manuskripts über die offene Gesellschaft

1944 Hayek bietet Popper eine «Readership» an der London School of Economics an; *The Poverty of Historicism* erscheint in Hayeks Zeitschrift «Economica»

1945 *The Open Society and Its Enemies*; Endes des Jahres Schiffsreise um Kap Horn nach England

1946 Anfang Januar Ankunft in England; Beginn der Arbeit an der LSE; 26. Oktober: Zusammenstoß mit Ludwig Wittgenstein im Moral Science Club in Cambridge

1949 Ordentlicher Professor an der LSE für «Logik und wissenschaftliche Methodenlehre»

1950 Februar: Schiffsreise auf der «Queen Mary» nach New York; William James-Lectures in Harvard; Begegnung mit Albert Einstein in Princeton; Oktober: Umzug nach Penn, Buckinghamshire

1951 Beginn der Arbeit am *Postscript* zur *Logik der Forschung* (bis 1956)

1956 Oktober bis Juli 1957: Druckfahnenkorrektur der drei Bände des *Postcripts*

1957 Augenoperation; englische Buchausgabe von *The Poverty of Historicism*; Paul Feyerabend trägt in Bristol Poppers Konzept der Propensitäten vor

1959 *The Logic of Scientific Discovery*

1960 Beginn der Zusammenarbeit mit William Warren Bartley III am *Postcript* (bis 1962)

1961 Oktober: Tagung der «Deutschen Gesellschaft für Soziologie» in Tübingen über «Die Logik der Sozialwissenschaften»; Adorno hält das Korreferat; Beginn des sogenannten «Positivismusstreits»; 31. Oktober: Herbert Spencer-Gedächtnisvorlesung in Oxford über *Die Evolution und der Baum der Erkenntnis*

1962 Thomas S. Kuhn: «The Structure of Scientific Revolutions»

1963 *Conjectures and Refutations*

1965	21. April: Arthur Holly Compton-Gedächtnisvorlesung an der Washington University *Über Wolken und Uhren*; 13. Juli: Kolloquium am Bedford College in London über «Kritik und Erkenntnisfortschritt» (Thomas S. Kuhn, Imre Lakatos, John W. N. Watkins); Erhebung Poppers in den Ritterstand
1967	25. August: Vortrag in Amsterdam über *Erkenntnistheorie ohne erkennendes Subjekt*
1968	Vortrag in Wien *Zur Theorie des objektiven Geistes*
1969	Emeritierung
1972	*Objective Knowledge*
1974	Popper wird «geschilppt»: Zwei Bände über Popper in «The Library of Living Philosophers»; *Unended Quest* (Poppers intellektuelle Autobiographie); 20. – 30. September: Diskussionen mit John C. Eccles in der Villa Serbolloni am Comer See über das Leib-Seele-Problem
1977	*The Self and Its Brain*, zusammen mit John C. Eccles
1979	*Die beiden Grundprobleme der Erkenntnistheorie*, hg. von Troels Eggers Hansen
1982	*Postscript* Vol. II und Vol. III, hg. von W. W. Bartley III.; Popper erhält die Insignien eines «Companion of Honour»
1983	*Postscript* Vol. I; 21. Februar: Altenburger Kamingespräch mit Konrad Lorenz; 24. – 26. Mai: Wiener Symposium anläßlich von Poppers 80. Geburtstag
1984	*Auf der Suche nach einer besseren Welt*
1985	Tod der Ehefrau
1986	Umzug nach Kenley, Surrey
1989	9. Juni: Poppers erster öffentlicher Vortrag an der LSE: *Towards an Evolutionary Theory of Knowledge*
1990	*A World of Propensities*
1993	21. April: *Aufruf an die Europäer*, aus Anlaß des Krieges im ehemaligen Jugoslawien
1994	*The Myth of the Framework. – Knowledge and the Body-Mind Problem. – Alles Leben ist Problemlösen*; 17. September: Karl Popper stirbt nach kurzer Krankheit in London

Zeugnisse

Rudolf Carnap
Von den Philosophen in Wien, die nicht zum Wiener Kreis gehörten, fand ich die Bekanntschaft mit Karl Popper am anregendsten. […] Seine philosophische Grundanschauung war der des Kreises ganz ähnlich. Er neigte allerdings dazu, unsere Meinungsverschiedenheiten überzubewerten.
Mein Weg in die Philosophie. Stuttgart 1993, S. 49

Theodor W. Adorno
Angesichts der wissenschaftlichen thought control, deren Bedingungen Soziologie selbst nennt, hat besonderes Gewicht, daß Popper der Kategorie der Kritik eine zentrale Stellung einräumt. Der kritische Impuls ist eins mit dem Widerstand gegen die starre Konformität der je herrschenden Meinung.
Der Positivismusstreit in der deutschen Soziologie.
Neuwied–Berlin 1969, S. 133

Jürgen Habermas
Vielleicht gehört Poppers Werk gerade deshalb in die Reihe der großen philosophischen Theorien, weil er noch einen klugen Umgang mit Traditionen unterhält, die manche in seinem Gefolge kaum dem Namen nach kennen.
Ebd., S. 266

John C. Eccles
Ich hatte lange eine Hypothese vertreten, bevor mir klar wurde, daß sie vermutlich verworfen werden müsse, und das deprimierte mich außerordentlich. […] Zu diesem Zeitpunkt lernte ich von Popper, daß es wissenschaftlich nichts Ehrenrühriges sei, wenn die eigenen Hypothesen als falsch erkannt werden. Das war die schönste Neuigkeit, die ich seit langem erfahren hatte.
Wahrheit und Wirklichkeit. Berlin–Heidelberg–New York 1975, S. 144

Peter B. Medawar
Meiner Meinung nach ist Popper der größte Wissenschaftstheoretiker, der je gelebt hat.
BBC, 3. Radioprogramm, 28. Juli 1972

Bryan Magee
Wer von Popper beeinflußt ist, ändert seine Arbeitsweise und in dieser wie in anderer Hinsicht sein Leben. Poppers Philosophie ist, kurz gesagt, eine Philosophie der Tat.
Karl Popper. Tübingen 1986, S. 2

Karl Popper. Zeichnung von Tullio Pericoli

Hermann Bondi
Wissenschaft ist einfach Methode, und was diese Methode ist, hat uns Popper gesagt.

Karl Popper. Tübingen 1986, S. 2

Helmut Schmidt
Ich bin kein Marxist; ich bin ebensowenig ein Anhänger des kritischen Rationalismus. Jedoch empfehle ich, Marx zu lesen, ebenso Popper (wobei man sich an dessen Polemik nicht allzusehr stören sollte; Marx war als Polemiker auch ganz schön saftig).

Kritischer Rationalismus und Sozialdemokratie. Hg. von
Georg Lührs u. a. Berlin–Bonn 1975, S. XV

Paul Feyerabend
Ich bewunderte seine freien Manieren, seine Frechheit, seine respektlose Einstellung zu den deutschen Philosophen, die Diskussionen Gewicht in mehr als einem Sinn verliehen, seinen Humor (jawohl – der relativ unbekannte Karl Popper von 1948 unterschied sich ganz wesentlich vom späteren Establishmentphilosophen Sir Karl) – und ich bewunderte auch seine Fähigkeit, «tiefe» Probleme in einfacher und journalistischer Sprache zu formulieren.
Erkenntnis für freie Menschen. Frankfurt a. M. 1979, S. 202

Konrad Lorenz
Von der Philosophie zur Naturforschung scheint erst in jüngster Zeit einigen Denkern der Durchbruch durch die große Mauer geglückt zu sein. Es gibt heute auch «echte» Philosophen, die unter dem Begriff des Objektivierens genau dasselbe verstehen wie die Naturforscher und die auch den Menschen vom gleichen Standpunkt aus betrachten wie diese. Ich nenne Karl Popper.
Die Rückseite des Spiegels. München 1977, S. 31

William Warren Bartley III
Popper gehört zu der Minorität von Menschen – Philosophen, Poeten, Wissenschaftlern –, die ihr eigenes Leben und den Verlauf der menschlichen Geschichte auf ihrer höchsten Stufe als Suche nach Rekonstruktion und Selbstüberschreitung begreifen; die sich auf endlose Wege, niemals endende Fragen einlassen.
Physiognomien. Hg. von Eckhard Nordhofen. Königstein/Ts. 1980, S. 62

Ernst Gombrich
Da die meisten nicht gern lesen und es bevorzugen, zu kritisieren ohne sorgfältiges Lesen, stimmt es, daß die meisten Menschen auf Gerüchte reagieren. Alles, was sie von Popper wissen, ist Falsifikation und solche Dinge. Und all die näheren Ausführungen und Diskussionen und Beispiele, die er gebraucht, werden übersehen. Man muß sie lesen. Und das kostet Zeit.
In: Pursuit of Truth. Hg. von Paul Levison. New Jersey 1982, S. 220

Bibliographie

1. Bibliographien

Hansen, Troels Eggers: Bibliography of the Writings of Karl Popper. In: Paul Arthur Schilpp (Hg.): The Philosophy of Karl Popper, Vol. II. La Salle/Ill. 1974, S. 1199–1287

Ausgewählte Bibliographie der Schriften Karl Poppers. In: Karl Popper: Ausgangspunkte. Hamburg 1979, S. 335–346

Bibliographie der Schriften Karl Poppers. Archiv Karl Popper. Masch., umfaßt 92 Seiten, einzeilig getippt

2. Werke (Auswahl)

Über die Stellung des Lehrers zu Schule und Schüler. In: Schulreform 4 (1925), S. 204–208

Zur Philosophie des Heimatgedankens. In: Die Quelle 77 (1927), S. 899–908

«Gewohnheit» und «Gesetzerlebnis» in der Erziehung. Nicht veröffentlichte Hausarbeit für die Abschlußprüfung 1927 am Pädagogischen Institut der Stadt Wien

Zur Methodenfrage der Denkpsychologie. Nicht veröffentlichte Dissertation zur Erlangung des Doktorgrades an der Philosophischen Fakultät der Universität Wien. 1928

Die Gedächtnispflege unter dem Gesichtspunkt der Selbsttätigkeit. In: Die Quelle 81 (1931), S. 607–619

Zur Kritik der Ungenauigkeitsrelationen. In: Die Naturwissenschaften 22 (1934), S. 807–808

Logik der Forschung. Zur Erkenntnistheorie der modernen Naturwissenschaft. Wien 1934 (mit der Jahreszahl 1935)

«Induktionslogik» und «Hypothesenwahrscheinlichkeit». In: Erkenntnis 5 (1935), S. 170–172

A Set of Independent Axioms for Probability. In: Mind 47 (1938), S. 275–277

What is Dialectic? In: Mind 49 (1940), S. 403–426. (Dt. Übers.: Was ist Dialektik? In: E. Topitsch [Hg.]: Logik der Sozialwissenschaften. Köln–Berlin 1965, S. 262–290)

Are Contradictions Embracing? In: Mind 52 (1943), S. 47–50

The Poverty of Historicism. In: Economica 11 (1944), S. 86–103; S. 119–137; 12

(1945), S. 69–89. (Buchausgabe London–Boston 1957; dt. Übers.: Das Elend des Historizismus. Tübingen 1965)

The Open Society and Its Enemies. Two Volumes. London 1945. (Dt. Übers.: Die offene Gesellschaft und ihre Feinde, Band 1: Bern 1957; Band 2: Bern 1958)

Why are the Calculuses of Logic and Arithmetic Applicable to Reality? In: Aristotelian Society, Suppl. Vol. 20 (1946), S. 40–60

New Foundations for Logic. In: Mind 56 (1947), S. 193–235

Logic Without Assumptions. In: Proceedings of the Aristotelian Society, N. S. 47 (1947), S. 251–292

Utopia and Violence. In: The Hibbert Journal 46 (1948), S. 109–116

Prediction and Prophecy and their Significance for Social Science. In: E. W. Beth u. a.: Library of the Tenth International Congress of Philosophy. Amsterdam 1948, S. 82–91. (Dt. Übers.: Prognose und Prophetie in den Sozialwissenschaften. In: E. Topitsch (Hg.): Logik der Sozialwissenschaften. Köln–Berlin 1965, S. 113–125)

What can Logic do for Philosophy? In: Aristotelian Society, Suppl. Vol. 22 (1948), S. 141–154

A Note on Natural Laws and the so-called «Contrary-to-Fact Conditionals». In: Mind 58 (1949), S. 62–66

Towards a Rational Theory of Tradition. In: F. Watts (Hg.): The Rationalist Annual for the Year 1949. London 1949, S. 36–55

Naturgesetze und theoretische Systeme. In: S. Moser (Hg.): Gesetz und Wirklichkeit. Innsbruck–Wien 1949, S. 43–60

Indeterminism in Quantum Physics and in Classical Physics. In: The British Journal for the Philosophy of Science 1 (1950), Part I: S. 117–133; Part II: S. 173–195

Humanism and Reason. In: The Philosophical Quarterly 2 (1952), S. 166–171

The Nature of Philosophical Problems and their Roots in Science. In: The British Journal for the Philosophy of Science 3 (1952), S. 124–156

The Principle of Individuation. In: Aristotelian Society, Suppl. Vol. 27 (1953), S. 97–120

A Note on Berkeley as Precursor of Mach. In: The British Journal for the Philosophy of Science 4 (1953), S. 26–36

Self-Reference and Meaning in Ordinary Language. In: Mind 63 (1954), S. 162 bis 169

Degree of Confirmation. In: The British Journal for the Philosophy of Science 5 (1954), S. 143–149

Two Autonomous Axiom Systems for the Calculus of Probabilities. In: The British Journal for the Philosophy of Science 6 (1955), S. 51–57

Die öffentliche Meinung im Lichte der Grundsätze des Liberalismus. In: Ordo 8 (1956), S. 7–17

Three Views Concerning Human Knowledge. In: H. D. Lewis (Hg.): Contemporary British Philosophy. London–New York 1956, S. 355–388

Philosophy of Science. In: C. A. Mace (Hg.): British Philosophy in the Mid-Century. London 1957, S. 155–191

The Propensity Interpretation of the Calculus of Probability and the Quantum Theory. In: S. Körner (Hg.): Observation and Interpretation. London 1957, S. 65–70, S. 88–89

Irreversibility; or Entropy since 1905. In: The British Journal for the Philosophy of Science 8 (1957), S. 151–155

The Aim of Science. In: Ratio 1 (1957), S. 24–35
Probability Magic or Knowledge out of Ignorance. In: Dialectica 11 (1957), S. 354 bis 372
On the Status of Science and of Metaphysics. In: Ratio 1 (1958), S. 97–115
Back to the Pre-Socratics. In: Proceedings of the Aristotelian Society, N. S. 59 (1959), S. 1–24
The Logic of Scientific Discovery. London–New York 1959
Woran glaubt der Westen? In: A. Hunold (Hg.): Erziehung zur Freiheit, Erlenbach–Zürich–Stuttgart 1959, S. 237–262
Über die Unwiederlegbarkeit philosophischer Theorien einschließlich jener, welche falsch sind. In: Forum 61 (1959), S. 15–18
Critical Rationalism. In: A. Koch (Hg.): Philosophy for a Time of Crisis. New York 1959, S. 262–275
The Propensity Interpretation of Probability. In: The British Journal for the Philosophy of Science 10 (1959), S. 25–42
On the Sources of Knowledge and of Ignorance. In: Proceedings of the British Academy 46 (1960), S. 39–71
Selbstbefreiung durch das Wissen. In: L. Reinisch (Hg.): Der Sinn der Geschichte. München 1961, S. 100–116
Philosophy and Physics. In: Proceedings of the XIIth International Congress of Philosophy, Vol. 2. Firence 1961, S. 367–374
Historical Explanation. In: Cambridge Opinion 28 (1962), S. 21–25
Julius Kraft. In: Ratio 4 (1962), S. 2–12
Über Geschichtsschreibung und über den Sinn der Geschichte. In: O. Molden (Hg.): Geist und Gesicht der Gegenwart. Zürich 1962, S. 111–142
Die Logik der Sozialwissenschaften. In: Kölner Zeitschrift für Soziologie und Sozialpsychologie 2 (1962), S. 233–248
Conjectures and Refutations. The Growth of Scientific Knowledge. London–New York 1963
The Erewhonians and the Open Society. In: ETC. A Review of General Semantics 20 (1963), S. 5–22
Creative and Non-creative Definitions in the Calculus of Probability. In: Synthese 15 (1963), S. 167–186
Science: Problems, Aims, Responsibilities. In: Federations Proceedings (Baltimore) 22 (1963), S. 961–972
Die Zielsetzung der Erfahrungswissenschaft. In: H. Albert (Hg.): Theorie und Realität. Tübingen 1964, S. 73–86
Naturgesetze und theoretische Systeme. In: Ebd., S. 87–102
A Theorem of Truth-Content. In: P. Feyerabend und G. Maxwell (Hg.): Mind, Matter and Method. Minneapolis/Minnesota 1966, S. 343–353
The Mysteries of Udolpho. A Reply to Professors Jeffrey and Bar-Hillel. In: Mind, N. S. 76 (1967), S. 103–110
Zum Thema Freiheit. In: E. Oldemeyer (Hg.): Die Philosophie und die Wissenschaften. Meisenheim am Glan 1967, S. 1–12
Quantum Mechanics without «The Observer». In: M. Bunge (Hg.): Quantum Theory and Reality. Berlin–Heidelberg–New York 1967, S. 7–44
Einstein's Influence on My View of Science. In: G. J. Whitrow (Hg.): Einstein. London 1967, S. 23–28
Theories, Experience, and Probabilistic Intuitions. In: I. Lakatos (Hg.): Proceed-

ings of the International Colloquium in the Philosophy of Science, Vol. 2. Amsterdam 1968, S. 285–303

Remarks on the Problems of Demarcation and of Rationality. In: I. Lakatos und A. Musgrave (Hg.): Proceedings of the International Colloquium in the Philosophy of Science, Vol. 3, Amsterdam 1968, S. 88–102

On the Theory of Objective Mind. In: Akten des 14. Internationalen Kongresses für Philosophie, Band 1. Wien 1968, S. 25–53

Epistemology without a Knowing Subject. In: Proceedings of the Third Congress for Logic, Methodology and Philosophy of Science, Vol. 3. Amsterdam 1968, S. 333–373

Emancipation through Knowledge. In: A. J. Ayer (Hg.): The Humanistic Outlook. London 1968, S. 281–296

A Pluralistic Approach to the Philosophy of History. In: E. Streissler u. a. (Hg.): Roads to Freedom. London 1969, S. 181–200

Eine objektive Theorie des historischen Verstehens. In: Schweizer Monatshefte 50 (1970), S. 207–215

Reason or Revolution? In: Archives européennes de sociology 11 (1970), S. 252 bis 262

A Realistic View of Logic, Physics and History. In: W. Yourgrau und A. D. Breck (Hg.): Physics, Logic and History. New York–London 1971, S. 1–30; 35–37

Normal Science and Its Dangers. In: I. Lakatos und A. Musgrave (Hg.): Criticism and the Growth of Knowledge. London 1971, S. 51–58

Conjectural Knowledge. My Solution of the Problem of Induction. In: Revue Internationale de Philosophie 25 (1971), S. 167–197

Particle Annihilation and the Argument of Einstein, Podolsky and Rosen. In: W. Yourgrau und A. van der Merve (Hg.): Perspectives in Quantum Theory. Cambridge/Mass.–London 1971, S. 182–198

Philosophische Selbstinterpretation und Polemik gegen die Dialektiker. In: C. Grosser: Verfall der Philosophie. Reinbek bei Hamburg 1971, S. 278–289

Objective Knowledge. An Evolutionary Approach. Oxford 1972 (Dt. Übers.: Objektive Erkenntnis. Ein evolutionärer Entwurf. Hamburg 1973)

Indeterminism is Not Enough. In: Encounter 40 (1973), S. 20–26

Philosophy and Physics. Essays in Defense of the Objectivity of Physical Science. Oxford 1974

Autobiography of Karl Popper. In: P. A. Schilpp (Hg.): The Philosophy of Karl Popper, Vol. I. La Salle/Ill. 1974, S. 3–181

Replies to My Critics. In: Ebd., Vol. II, S. 961–1197

Scientific Reduction and the Essential Incompleteness of All Science. In: F. J. Ayala und T. Dobzhansky (Hg.): Studies in the Philosophy of Biology. London 1974, S. 259–284

Kritischer Rationalismus. Eine Unterhaltung mit Karl Popper. In: G. Lührs (Hg.): Kritischer Rationalismus und Sozialdemokratie. Berlin–Bonn 1975, S. 55–72

Die Aufgabe der Wissenschaft. In: Ebd., S. 89–102

Utopie und Gewalt. In: Ebd., S. 303–315

The Rationality of Scientific Revolution. In: R. Harré (Hg.): Problems of Scientific Revolution. Oxford 1975, S. 72–101

Die moralische Verantwortlichkeit des Wissenschaftlers. In: Universitas 30/7 (1975), S. 689–699

Unended Quest. An Intellectual Autobiography. London 1976 (Dt. Übers.: Ausgangspunkte. Meine intellektuelle Entwicklung. Hamburg 1979)

A Note on Versimilitude. In: The British Journal for the Philosophy of Science 27 (1976), S. 147–159

The Myth of the Framework. In: E. Freeman (Hg.): The Abdiction of Philosophy. La Salle/Ill. 1976, S. 23–48

Some Remarks on Panpsychism and Epiphenomenalism. In: Dialectica 31/1–2 (1977), S. 177–186

The Self and Its Brain. An Argument for Interactionism (zusammen mit John C. Eccles): Heidelberg–Berlin–London–New York 1977 (Dt. Übers.: Das Ich und sein Gehirn. München–Zürich 1982)

Wie ich die Philosophie sehe. In: G. Lührs u. a. (Hg.): Theorie und Politik aus kritisch-rationaler Sicht. Berlin–Bonn 1978, S. 1–16

Natural Selection and the Emergence of Mind. In: Dialectica 32 (1979), S. 339–355

Three Worlds. In: Michigan Quarterly Review 18 (1979), S. 1–23

Die beiden Grundprobleme der Erkenntnistheorie. Aufgrund von Manuskripten aus den Jahren 1930–33. Hg. von T. E. Hansen. Tübingen 1979

Schöpferische Selbstkritik in Wissenschaft und Kunst. In: Salzburger Festspiele 1979. Offizielles Programm. Salzburg–Wien 1979, S. 25–31

The Open Universe. An Argument for Indeterminism (From the «Postscript to the Logic of Scientific Discovery». Hg. von W. W. Bartley III). London–New York 1982

Quantum Theory and the Schism in Physics (From the «Postscript to the Logic of Scientific Discovery». Hg. von W. W. Bartley III). London–Melbourne–Sydney–Auckland–Johannesburg 1982

A Critical Note on the Greatest Days of Quantum Theory. In: Foundations of Physics 12 (1982), S. 971–976

Realism and the Aim of Science (From the «Postscript to the Logic of Scientific Discovery». Hg. von W. W. Bartley III.). London–Melbourne–Sydney–Auckland–Johannesburg 1983

Evolutionary Epistemology. In: J. W. Polland (Hg.): Evolutionary Theory. New York 1984, S. 239–255

Auf der Suche nach einer besseren Welt. Vorträge und Aufsätze aus dreißig Jahren. München 1984

Die Zukunft ist offen. Das Altenburger Gespräch (mit Konrad Lorenz). Mit den Texten des Wiener Popper-Symposiums. München 1985

Offene Gesellschaft – Offenes Universum. Ein Gespräch (mit Franz Kreuzer) über das Lebenswerk des Philosophen. München 1986

Toleration and Intellectual Responsibility. Oxford 1987

Creative Self-Criticism in Science and in Art. In: Diogenes 14 (1989), S. 36–45

Zwei Bedeutungen von Falsifizierbarkeit (zus. mit G. Andersson und G. Radnitzky). In: H. Seiffert und G. Radnitzky (Hg.): Handlexikon zur Wissenschaftstheorie. München 1989, S. 82–86

A World of Propensities. Bristol 1990

Kepler: Seine Metaphysik des Sonnensystems und seine empiristische Kritik. In: A. Bohnen (Hg.): Wege der Vernunft. Tübingen 1991, S. 11–16

Ich weiß, daß ich nichts weiß – und kaum das. Frankfurt a. M.–Berlin 1991

How the moon might throw some of her light upon the two ways of Parmenides. In: Classical Quarterly 42 (1992), S. 12–19

On a little known chapter of Mediterranean History. In: J. A. Hall und I. C. Jarvie (Hg.): Transition to Modernity. Cambridge 1992, S. 113–119

About the EPR Controversy. In: Foundations of Physics 22 (1992), S. 1303–1316

Ideologien machen die Menschen blind gegenüber der Wirklichkeit. In: N. Sommer (Hg.): Der Traum aber bleibt. Berlin 1992, S. 84–92

The Myth of the Framework. In: Defense of Science and Rationality. London–New York 1994

Knowledge and the Body-Mind Problem. In Defense of Interaction. London–New York 1994

Alles Leben ist Problemlösen. München 1994

3. Untersuchungen

a) Monographien und Sammelbände

Ackermann, Robert John: The Philosophy of Karl Popper. Amherst 1976

Alt, Jürgen August: Vom Ende der Utopie in der Erkenntnistheorie. Meisenheim am Glan 1980

–: Die Frühschriften Poppers. Frankfurt a. M. 1982

–: Karl R. Popper. Frankfurt a. M. 1992

Bambrough, Renford (Hg.): Plato, Popper and Politics. Some Contributions to a Modern Controversy. Cambridge–New York 1967

Bayertz, Kurt, und Josef Schleifstein: Mythologie der «kritischen Vernunft». Zur Kritik der Erkenntnis- und Geschichtstheorie Karl Poppers. Köln 1977

Berkson, William, und John Wetterstein: Lernen aus dem Irrtum. Die Bedeutung von Karl Poppers Lerntheorie für die Psychologie und die Philosophie der Wissenschaft. Hamburg 1982

Bunge, Mario (Hg.): The Critical Approach to Science and Philosophy. Essays in Honor of Karl R. Popper. Glencoe–London 1964

Burke, T. E.: The Philosophy of Popper. Manchester 1983

Carvalho, Maria C. DE: Karl Poppers Philosophie der wissenschaftlichen und der vorwissenschaftlichen Erfahrung. Frankfurt a. M. 1982

Cornforth, Maurice: The Open Philosophy and the Open Society. London 1968

Currie, Gregory, und Alan Musgrave (Hg.): Popper and the Human Sciences. Dordrecht–Boston–Lancaster 1985

Döring, Eberhard: Karl R. Popper. Hamburg 1987

Fernandes, Sergio L.: Foundations of Objective Knowledge. The Relations of Popper's Theory of Knowledge to that of Kant. Dordrecht 1985

Gröbl, Evelyn: Geltung und Gegenstand. Zur Metaphysik im Frühwerk Karl R. Poppers. Frankfurt 1983

Habermehl, Werner: Historizismus und Kritischer Rationalismus. Einwände gegen Poppers Kritik an Comte, Marx und Platon. Freiburg–München 1980

Hahn, Rainald: Die Theorie der Erfahrung bei Popper und Kant. Freiburg 1982

Hülsmann, Heinz: Die Anonymität von Dialektik im Reden über Dialektik. Zur Philosophie K. Poppers. Kronberg/Ts. 1975

Johansson, Ingvar: A Critique of Karl Popper's Methodology. Göteborg 1975

Leser, Norbert (Hg.): Die Gedankenwelt Sir Karl Poppers. Kritischer Rationalismus im Dialog. Heidelberg 1991

Levison, Paul (Hg.): In Pursuit of Truth. Essays on the Philosophy of Karl Popper on the Occasion of his 80th Birthday. New Jersey 1982

Magee, Brian: Philosophy and the Real World. An Introduction to Karl Popper. La Salle/Ill. 1985

–: Karl Popper. Tübingen 1986

Messmer, Bernhard: Die Grundlagen von Poppers Sozialphilosophie. Bern 1981

Michalos, Alex C.: The Popper-Carnap Controversy. The Hague 1971

Müller-Schmid, Peter Paul: Die philosophischen Grundlagen der Theorie der «offenen Gesellschaft». Heidelberg 1970

Munz, Peter: Our Knowledge of the Growth of Knowledge. Popper or Wittgenstein? London–New York 1985

Notturno, M. A.: Objectivity, Rationality and the Third Realm. Justification and the Grounds of Psychologism. A Study of Frege and Popper. Dordrecht–Boston–Lancaster 1985

Obermeier, Otto-Peter: Poppers «Kritischer Rationalismus». München 1980

Oetjens, Hermann: Sprache, Logik. Wirklichkeit. Der Zusammenhang von Theorie und Erfahrung in K. R. Poppers «Logik der Forschung». Stuttgart-Bad Cannstatt 1975

O'Hear, Anthony: Karl Popper. London–Boston–Henley 1980

Salamun, Kurt (Hg.): Karl R. Popper und die Philosophie des Kritischen Rationalismus. Amsterdam 1989

Schilpp, Paul Arthur (Hg.): The Philosophy of Karl Popper. Two Volumes. La Salle/Ill. 1974

Schupp, Franz: Poppers Methodologie der Geschichtswissenschaft. Bonn 1975

Spinner, Helmut F.: Pluralismus als Erkenntnismodell. Studien zum Popperschen Erkenntnis- und Gesellschaftsmodell. Frankfurt a. M. 1974

–: Popper und die Politik. Band 1: Geschlossenheitsprobleme. Berlin–Bonn 1978

Stegmüller, Wolfgang: Das Problem der Induktion. Humes Herausforderung und moderne Antworten. Darmstadt 1974

Stove, David C.: Popper and After. Four Modern Irrationalists. Oxford 1982

Utz, Arthur F. (Hg.): Die offene Gesellschaft und ihre Ideologien. Bonn 1986

Wallner, Friedrich (Hg.): Karl Popper. Philosophie und Wissenschaft. Wien 1985

Weinheimer, Heinz: Rationalität und Begründung. Das Grundlagenproblem in der Philosophie Karl Poppers. Bonn 1986

Wellmer, Albrecht: Methodologie als Erkenntnistheorie. Zur Wissenschaftslehre Karl R. Poppers. Frankfurt a. M. 1967

Wilkins, Burleigh Taylor: Has History any Meaning? A Critique of Popper's Philosophy of History. Ithaca–New York 1978

Williams, Douglas E.: Truth, Hope and Power. The Thought of Karl Popper. Toronto 1989

Witschel, Günter: Wertvorstellung im Werk Karl R. Poppers. Bonn 1971

b) Aufsätze

Albert, H.: Der kritische Rationalismus Karl Raimund Poppers. In: Archiv für Rechts- und Sozialphilosophie 46 (1960), S. 391–415

–: Critical Rationalism. The Problem of Method in Social Sciences and Law. In: Ratio Juris 1 (1988); S. 1–19

–: Der Mythos des Rahmens am Pranger. In: Zeitschrift für Philosophische Forschung 44 (1990), S. 85–97

Bartley III, W. W.: Theories of Demarcation between Science and Metaphysics. In: I. Lakatos und A. Musgrave (Hg.): Problems in the Philosophy of Science. Amsterdam 1978, S. 40–64

–: The Philosophy of Karl Popper. Part I. In: Philosophia 6 (1976), S. 463–494

–: The Philosophy of Karl Popper. Part II. In: Philosophia 7 (1977), S. 675–716

–: The Philosophy of Karl Popper. Part III. In: Philosophia 11 (1982), S. 121–221

–: Ein schwieriger Mensch. In: E. Nordhofen (Hg.): Physiognomien. Königstein/Ts. 1980, S. 43–69

Bernhard, H.: Was bedeutet Poppers Drei-Welten-Lehre? In: Zeitschrift für philosophische Forschung 41 (1987), S. 99–117

Dahrendorf, R.: Die offene Gesellschaft und ihre Ängste. In: Universitas 2 (1991), S. 170–177

Döhring, E.: Der liberale Philosoph Karl R. Popper. In: liberal 3 (1980), S. 212 bis 225

Flew, A.: Popper and Historical Necessities. In: Philosophy 65 (1990), S. 53–64

Grünbaum, A.: Can We Ascertain the Falsity of a Scientific Hypothesis? In: Studium Generale 22 (1969), S. 1061–1093

–: The Degeneration of Popper's Theory of Demarcation. In: Epistemologia 12 (1989), S. 235–260

Harris, J.: Popper's Definitions of «Versimilitude». In: The British Journal for the Philosophy of Science 25 (1974), S. 160–166

Howson, C.: Popper, Prior Probabilities, and Inductive Inference. In: The British Journal for the Philosophy of Science 38 (1987), S. 207–224

Irzik, G.: Popper's Piecemeal Engineering. In: The British Journal for the Philosophy of Science 36 (1985), S. 1–10

Keuth, H.: Methodologische Regeln des kritischen Rationalismus. In: Zeitschrift für allgemeine Wissenschaftstheorie 9 (1978), S. 236–255

Kirk, G. S.: Popper on Science and the Presocratics. In: Mind 69 (1960), S. 318 bis 339

Koch, A.: Critical Rationalism. In: A. Koch (Hg.): Philosophy for a Time of Crisis. New York 1959, S. 262–275

Koertge, N.: Popper's Metaphysical Research Program for the Human Sciences. In: Inquiry 18 (1975), S. 437–462

Lakatos, I.: Popper zum Abgrenzungs- und Induktionsproblem. In: H. Lenk (Hg.): Neue Aspekte der Wissenschaftstheorie. Braunschweig 1971, S. 75–110

Ley, H.: Karl R. Poppers Historizismus und erkenntnistheoretischer Mechanizismus. In: Deutsche Zeitschrift für Philosophie 16 (1968), S. 848–859

Maxwell, N.: A Critique of Popper's View on Scientific Method. In: Philosophy of Science 39 (1972), S. 131–152

Neurath, O.: Pseudorationalismus der Falsifikation. In: Erkenntnis 5 (1935), S. 353–365

Niiniluoto, J.: Truthlikeness. Comments on Recent Discussions. In: Synthese 38 (1978), S. 281–329

–: What shall we do with Versimilitude? In: Philosophy of Science 49 (1982), S. 181–197

Nola, R.: The Status of Poper's Theory of Scientific Method. In: The British Journal for the Philosophy of Science 38 (1987), S. 441–480

Oddie, G.: The Poverty of the Popperian Program for Truthlikeness. In: Philosophy of Science 53 (1986), S. 163–178

Radnitzky, G.: Popperian Philosophy of Science as an Antidote Against Relativism. In: R. S. Cohen (Hg.): Essays in Memory of Imre Lakatos. Dordrecht 1976, S. 505–546

Rivadulla, A.: Kritischer Realismus und Induktionsproblem. In: Erkenntnis 26 (1987), S. 181–193

Schäfer, L.: Über die Diskrepanz zwischen Methodologie und Metaphysik bei Popper. In: Studium Generale 23 (1970), S. 856–877

Ströker, E.: Falsifizierbarkeit als Kennzeichen naturwissenschaftlicher Theorien. In: Kant-Studien 59 (1968), S. 495–512

–: Über Poppers Kriterien des Wissenschaftsfortschritts. In: Erkenntnis 27 (1987), S. 93–112

Suchting, W. A.: Marx, Popper, and «Historicism». In: Inquiry 15 (1972), S. 235 bis 266

Tichy, P.: Versimilitude Revisited. In: Synthese 38 (1978), S. 175–196

Watkins, J. W. N.: Hume, Carnap and Popper. In: I. Lakatos (Hg.): The Problem of Inductive Logic. Amsterdam 1968, S. 271–282

–: Karl Raimund Popper. Die Einheit seines Denkens. In: J. Speck (Hg.): Grundprobleme der großen Philosophen. Philosophie der Gegenwart I. Göttingen 1985, S. 155–219

Zahar, E.: Logic of Discovery or Psychology of Invention? In: The British Journal for the Philosophy of Science 34 (1983), S. 234–261

4. Wirkungsgeschichte

Adorno, Theodor W., Hans Albert, Ralf Dahrendorf u. a.: Der Positivismusstreit in der deutschen Soziologie. Neuwied–Berlin 1969

Agassi, Joseph: Towards a Historiography of Science. The Hague 1963

– und Ian C. Jarvie (Hg.): Rationality. The Critical View. Dordrecht 1987

Albert, Hans (Hg.): Theorie und Realität. Tübingen 1964

–: Traktat über kritische Vernunft. Tübingen 1968

–: Plädoyer für kritischen Rationalismus. München 1971

–: Konstruktion und Kritik. Aufsätze zur Philosophie des kritischen Rationalismus. Hamburg 1972

–: Traktat über rationale Praxis. Tübingen 1978

–: Die Wissenschaft und die Fehlbarkeit der Vernunft. Tübingen 1982

–: Freiheit und Ordnung. Zwei Abhandlungen zum Problem der offenen Gesellschaft. Tübingen 1986

Albrecht, Reinhardt: Sozialtechnologie und ganzheitliche Sozialphilosophie. Bonn 1973

Andersson, Gunnar: Kritik und Wissenschaftsgeschichte. Kuhns, Lakatos' und Feyerabends Kritik des kritischen Rationalismus. Tübingen 1988

Bartley III, William Warren: Flucht ins Engagement. Tübingen 1987

Chalmers, Alan F.: Wege der Wissenschaft. Berlin–Heidelberg 1986

Colodny, Robert G. (Hg.): Beyond the Edge of Certainty. Englewood Cliffs/N. J. 1965

Diederich, Werner (Hg.): Theorien der Wissenschaftsgeschichte. Frankfurt a. M. 1974

Eccles, John C.: Wahrheit und Wirklichkeit. Mensch und Wissenschaft. Berlin–Heidelberg–New York 1975
Feyerabend, Paul: Wider den Methodenzwang. Frankfurt a. M. 1976
–: Der wissenschaftstheoretische Realismus und die Autorität der Wissenschaften. Braunschweig 1978
–: Probleme des Empirismus. Braunschweig–Wiesbaden 1981
Gombrich, Ernst: Kunst und Illusion. Köln 1967
Günther, Ullrich L.: Kritischer Rationalismus, Sozialdemokratie und politisches Handeln. Weinheim 1984
Hayek, Friedrich August von: Studies in Philosophy, Politics and Economics. London 1967
Hempelmann, Heinzpeter: Kritischer Rationalismus und Theologie als Wissenschaft. Wuppertal 1980
Jarvie, Ian C.: The Revolution in Anthropology. Chicago 1967
Keuth, Herbert: Realität und Wahrheit. Zur Kritik des kritischen Rationalismus. Tübingen 1978
–: Wissenschaft und Werturteil. Zu Werturteilsdiskussion und Positivismusstreit. Tübingen 1989
Krüger, Lorenz (Hg.): Erkenntisprobleme der Naturwissenschaften. Köln–Berlin 1970
Kuhn, T. S.: Die Struktur wissenschaftlicher Revolutionen. Frankfurt a. M. 1967
–: Die Entstehung des Neuen. Frankfurt a. M. 1978
Lakatos, Imre, und Alan Musgrave (Hg.): Kritik und Erkenntnisfortschritt. Braunschweig 1974
Lorenz, Konrad: Die Rückseite des Spiegels. München 1973
Lührs, Georg, Thilo Sarrazin, Frithjof Spreer und Manfred Tietzel (Hg.): Kritischer Rationalismus und Sozialdemokratie. Berlin–Bonn 1975
Nordhofen, Eckhard: Das Bereichsdenken im kritischen Rationalismus. Zur finitistischen Tradition der Popperschule. Freiburg 1976
Pähler, Klaus: Qualitätsmerkmale wissenschaftlicher Theorien. Tübingen 1986
Radnitzky, Gerard: Contemporary Schools of Metascience. Chicago 1972
– und Gunnar Andersson (Hg.): Fortschritt und Rationalität der Wissenschaft. Tübingen 1980
– und Gunnar Andersson (Hg.): Voraussetzungen und Grenzen der Wissenschaft. Tübingen 1981
Rühle, Rolf: Der kritische Rationalismus und seine Hegelkritik. Erlangen 1976
Salamun, Kurt (Hg.): Moral und Politik aus der Sicht des Kritischen Rationalismus. Amsterdam 1991
Schnädelbach, Herbert: Erfahrung, Begründung und Reflexion. Frankfurt a. M. 1971
Sievering, Ulrich O. (Hg.): Kritischer Rationalismus heute. Frankfurt a. M. 1988
Spinner, Helmut F: Ist der kritische Rationalismus am Ende? Weinheim–Basel 1982
Stegmüller, Wolfgang: Metaphysik, Skepsis, Wissenschaft. Berlin–Heidelberg–New York 1969, 2. verb. Aufl.
Watkins, John W. N.: Freiheit und Entscheidung. Tübingen 1978
–: Wissenschaft und Skeptizismus. Tübingen 1992
Wellmer, Albrecht: Kritische Gesellschaftstheorie und Positivismus. Frankfurt a. M. 1969

Namenregister

Die kursiv gesetzten Zahlen bezeichnen die Abbildungen

Adler, Alfred 34–39, *35*
Adorno, Theodor W. 114, 116, *115*
Agassi, Joseph 105
Anaximandros 29
Aristoteles 10, 82, 99
Arndt, Arthur 23 f.
Ayer, Alfred Jules 74 ff., 77

Bach, Johann Sebastian 16
Bacon, Francis 16, 65
Bartley III, William Warren 105 f.
Bartók, Béla 17
Bauer, John *19*
Becker, I. B. *12*
Beethoven, Ludwig van 118
Berg, Alban 17
Berkeley, George 104
Berlin, Isaiah 74
Bohr, Niels 66 f., 80, 132, *78/79*
Boltzmann, Ludwig 114
Bolzano, Bernard 121
Born, Max 66 f.
Braithwaite, Richard Beven 103
Broglie, Louis-Victor de 66, 132
Bühler, Charlotte 51 f., 120, *53*
Bühler, Karl 51 ff., 54, 121, 126, *52*

Carnap, Rudolf 59, 62, 80, *63*
Cäsar, Julius 63
Churchill, Winston 9, 97
Clemenceau, Georges 45
Compton, Arthur Holly 104

Dalai-Lama *131*

Darwin, Charles 114, 123
Demokrit 69
Descartes, René 16, 69
Dewey, John 46
Dirac, Paul 66, 132
Dollfuß, Engelbert 80

Eccles, John C. 20, 120, 126, *21*
Eddington, Arthur Stanley 31, 33, *33*
Einstein, Albert 9, 31 ff., 34, 38 f., 64 ff., 68, 89, 104, 109, 114, 123 f., 132, *32*, *71*
Elstein, Max 31
Elizabeth II. 99
Euklid 31 f., 34, 122

Feigl, Herbert 60, 62, 66, 77, 80 f., 127, *59*
Feyerabend, Paul 105, 111
Frank, Philipp 62, *78/79*
Franz Ferdinand, Erzherzog 23, *23*
Frege, Gottlob 121
Freud, Sigmund 34 f., 38 f.
Freidell, Egon 62, 113

Gaus, Friedrich *86*
Glöckel, Otto 46 f., 51, *47*
Gödel, Kurt 70, *71*
Goldberger, Emma 15, 127
Gombrich, Ernst 104, *127*
Gomperz, Heinrich 59 f., 121, *58*
Graf, Rosa 34
Grübl, Carl 13

Habermas, Jürgen 114, 116
Hahn, Hans 58, 62
Hansen, Troels Eggers 60
Hartmann, Eduard von 16
Haydn, Joseph 16
Hayek, Friedrich August von 74 ff., 84, 96 f., 104, *122*
Hegel, Georg Wilhelm Friedrich 82, 85 f., 88, 96, 116, 121, *83*
Heisenberg, Werner 66 ff., 70, 108, 132, *66*
Herakleitos 29
Hertz, Heinrich 66
Hitler, Adolf 80, 81, 84 f., 91, 96 f., *85*
Humboldt, Wilhelm von 82
Hume, David 53, 61, 65, 76

James, William 113
Jarvie, Ian C. 105
Jörgensen, Jörgen *78/79*

Kant, Immanuel 9 ff., 16, 32, 37, 41, 45, 61, 64 f., 68, 76 f., 82, 104, *12*
Kepler, Johannes 114, 132
Kerschensteiner, Georg 46
Kneller, Godfrey *30*
Köhler, Wolfgang 51
Koffka, Kurt 51
Kraft, Victor 59
Kreuzer, Franz 13
Külpe, Oswald 51
Kuhn, Thomas S. 105, 113 f., 116

Lagerlöf, Selma 16
Lakatos, Imre 105
Landé, Alfred 110
Langford, C. H. 73
Laplace, Pierre Simon de 109
Leukipp 114
Locke, John 16
Lorenz, Konrad 22, 126, *22*

Marx, Karl 38 f., 82, 86 ff., 96
Maxwell, James Clerk 132
Medawar, Peter *103*
Menger, Karl 70
Mill, John Stuart 15
Molotow, Wjatscheslaw M. *86*
Moore, George Edward 73, 100

Moses 7
Mozart, Wolfgang Amadeus 16, 118

Neurath, Otto 59, 62, 77, 80, *78/79*
Newton, Isaac 10, 30 ff., 34, 37 f., 41, 64 f., 68 f., 109 f., 132, *30*

Parmenides 29 f.
Pauli, Wolfgang 66, 132
Peirce, Charles Sanders 110
Planck, Max 34, 66
Platon 10, 16, 81 f., 90 ff., 93 f., 96, 120 f., 124, *93*
Pösch, Adalbert 45, 90
Popper, Annie 16, *17*
Popper, Dora 16, *17, 18*
Popper, Jenny, geb. Schiff 16 f., 19, 24, *14, 54, 56*
Popper, Josefine Anna, geb. Henninger 49, 55, 60, 73, 80, 97 f., 105 f., 130, *50, 54, 95, 128*
Popper, Simon Siegmund Carl 10, 13, 15 f., 19, 24, 41, 60, *14, 54, 56*
Pythagoras 29

Reichenbach, Hans 70
Reidemeister, Kurt 58
Ribbentrop, Joachim von *86*
Russell, Bertrand 68, 74, 97, 103, 76 f., 77
Ryle, Gilbert 74

Schiff, Walter 60, 62
Schiller, Friedrich 82
Schlick, Moritz 54, 58 ff., 62, 70, 80, 100, *69*
Schmidt, Francis *63*
Schmidt, Helmut *130*
Schönberg, Arnold 17
Schopenhauer, Arthur 16
Schrödinger, Erwin 66, 74, 110, 133, *76*
Schubert, Franz 16
Schwormstedt, Felix *23*
Sebbers, L. *83*
Sichling *83*
Simkin, Colin 96
Sokrates 9, 45, 81 f., 90 ff., 94, 96, 99, 118, 133, *91*

Sommerfeld, Arnold 66
Spencer, Herbert 104
Spinoza, Baruch de 16
Stalin, Josef W. 81, 85, *86*
Stebbing, Susan 72
Strawinsky, Igor 18

Tarski, Alfred 70 ff.
Theis, Adolf *119*

Waismann, Friedrich 59
Wald, Abraham 70
Walter, Bruno 17
Watkins, John W. N. 105

Webern, Anton von 17
Weisskopf, Victor 66
Weizsäcker, Richard von *129*
Wellmer, Albrecht 116 f.
Wertheimer, Max 51
Wilde, Oscar 7
Wittgenstein, Ludwig 58 f., 62, 100 ff., *102*

Xenophanes 9, 29, 68, 133

Young, John *103*
Yukawa, Hideki 114

Über den Autor

Manfred Geier, Prof. Dr. phil., geboren 1943 in Troppau. Studium der Germanistik, Philosophie und Politik in Frankfurt, Berlin und Marburg. Promotion über Noam Chomskys linguistische Theorie und den amerikanischen Strukturalismus 1973. Seit 1982 Lehrtätigkeit an der Universität Hannover. Veröffentlichungen: Sprache als Struktur. Tübingen 1976; Kulturhistorische Sprachanalysen. Köln 1979; Methoden der Sprach- und Literaturwissenschaft. München 1983; Doktor Ubu und ich. Rheinbach-Merzbach 1983; Die Schrift und die Tradition. München 1985; Linguistische Analyse und literarische Praxis. Tübingen 1986; Das Sprachspiel der Philosophen. Reinbek bei Hamburg 1989; Der Wiener Kreis. Reinbek bei Hamburg 1992. Zahlreiche Essays zu literarischen, sprachlichen und philosophischen Themen.

Dank

Ich bedanke mich herzlich bei Sir Karl Popper für seine Gastfreundschaft und die Gespräche, die ich mit ihm führen konnte, und bei Mrs. Melitta Mew, Sir Karls persönlicher Assistentin, für ihre tatkräftige, hilfreiche Unterstützung.

Quellennachweis der Abbildungen

dpa Hamburg, Bildarchiv: 2, 119
Archiv Karl Popper: 6, 11, 14, 17, 18, 22 (Foto Gattinger, Reith), 26, 42, 50, 54/55, 56, 87, 88 (Aus: Lothar Schäfer: Karl R. Popper. München [Beck] 2. durchges. Aufl. 1992), 95, 96, 101, 103, 105, 107 (Foto Konrad Wickler), 111, 114 (Foto Franz Barta), 122 (Foto Saltinger), 127, 128, 129, 130 (Foto Gerd Thieme, Hamburg), 131 (3), 132
Aus: Kant-Bildnisse: 12
Aus: Den Svenska Litteraturen IV. Den storsvenska generationen 1890–1920. Redaktion Lars Lönnroth, Sven Delblanc. Stockholm 1989: 19 (Kungliga Biblioteket, Stockholm)
Foto-Archiv R. Piper & Co Verlag, München: 21 (© J. C. Eccles, 1977)
Ullstein Bilderdienst, Berlin: 23, 32, 33, 35, 53, 66, 76, 85, 86, 97
Bildarchiv der Österreichischen Nationalbibliothek, Wien: 24, 28 (2), 37, 44, 47, 52, 64, 69
Österreichisches Institut für Zeitgeschichte, Wien, Bildarchiv: 27
National Portrait Gallery, London: 30
Manfred Geier: 39, 125
Universitätsbibliothek Klagenfurt: 48
Institut Wiener Kreis, Prospekt für Int. Forschungsgespräch: «Heinrich Gomperz, Karl Popper und die ‹Österreichische Philosophie›», 8./9. Oktober 1992: 58
Aus: Paul K. Feyerabend und Grover Maxwell (Hg.): Mind, Matter, and Method. Minneapolis/Minnesota, 1966: 59
Aus: Robert S. Cohen, Max W. Wartofsky (Hg.): Boston Studies in the Philosophy of Science. Bd. VIII. New York 1971: 63
Richard F. Arens, University of California, Los Angeles: 71
The Hulton Deutsch Collection, London: 73, 74/75, 98
Aus: W. Langhammer: Bertrand Russell. Köln 1983: 77 (Bertrand Russell Archives der McMaster University Hamilton/Ontario, Kanada)
Courtesy of the Harvard University Archives, Cambridge/Massachusetts: 78/79
Archiv für Kunst und Geschichte, Berlin: 83
Aus: Karl Schefold: Die Bildnisse der antiken Dichter, Redner und Denker. Basel 1943: 91
Aus: Arndt-Bruckmann: Griechische und römische Porträts. München 1891: 93
Aus: Michael Nedo, Michele Ranchetti (Hg.): Wittgenstein. Sein Leben in Texten und Bildern. Frankfurt a. M. 1983: 102 (Foto Dorothy Moore, Cambridge)
Suhrkamp Verlag, Bildarchiv: 116 (Foto Ilse Mayer-Gehrken)
© Tullio Pericoli 1994: 144